LK7/10182

à conserver

DESCRIPTION SOMMAIRE DE VERSAILLES ANCIENNE ET NOUVELLE.

Avec des Figures.

Par Monsieur FELIBIEN, *Des-Avaux,*
Historiographe des Bâtimens du Roy.

A PARIS,
Chez ANTOINE CHRETIEN, Imprimeur
Juré-Libraire de l'Université,
Pont Saint Michel.

M. DCCIII.
AVEC PRIVILEGE DU ROY.

AVERTISSEMENT.

VOICI un ouvrage, où sous le titre de Description sommaire de Versailles ancienne & nouvelle; l'on a rassemblé divers essais composez en différens tems, & à des occasions particuliéres au sujet des travaux somptueux de cette Royale demeure : en attendant qu'il en soit fait une entiére description telle qu'on peut l'espérer sous la Sur-Intendance de Monsieur Mansart Comte de Sagone, qui a été l'Ordonnateur général des travaux les plus considérables de Versailles.

Avertissement.

Quelques-uns de ces essais ont déja été rendus publics par feu Mr. Félibien. Ils seront distinguez ici en marge à côté des lignes par des doubles virgules ou guillemets : & ces lettres A. F. marqueront son nom à la fin de chacun des autres ouvrages qu'il n'a laissez qu'en manuscrit, & qu'on a jugé à propos de mettre aussi dans ce volume.

Mr. Félibien des Avaux son fils, ayant depuis composé une description nouvelle de la vile de Versailles, & des bâtimens du château, a crû devoir l'entremêler avec la description ancienne dont on vient de parler, & ne former qu'un seul corps des deux ouvrages, pour éviter de raporter deux fois les mêmes

Avertissement.

choses, & pour mieux faire connoître les divers changemens qui se sont faits jusqu'aujourd'hui dans les mêmes édifices. Les vûës & les plans que l'on a ajoûtez serviront avec leurs explications à faire trouver les descriptions qui sont contenuës dans le livre: De même une table indiquera en particulier à la fin tout ce qui est expliqué plus amplement dans les descriptions. Il est à observer que cette table, & les explications des planches contiennent encore chacune par suplémem, beaucoup de particularitez qu'on a obmises dans ce qui précéde; ou qu'on n'a pas jugé à propos de raporter ailleurs, comme les noms de ceux qui ont travaillé aux em-

Avertissement.

bellissemens de Versailles.

Il n'y a dans tout le livre aucune description nouvelle du petit parc, de la ménagerie & de trianon. On s'est proposé d'en faire un volume particulier, & même de pousser plus loin dans un troisiéme volume la suite de ce travail, afin qu'il reste peu de chose à desirer au sujet de tous les travaux de Versailles, & des Maisons Royales qui en dépendent : Mais on ne promet pas d'exposer si-tôt au jour ces nouveaux ouvrages quoy qu'ils soient la plûpart en état d'être imprimez

PRIVILEGE DU ROY.

LOUIS par la grace de Dieu, Roy de France & de Navarre: A nos amez & feaux Conseillers les gens tenans nos Cours de Parlemens, Maîtres des Requêtes ordinaires de nôtre Hôtel, Baillifs, Senéchaux & autres Juges qu'il apartiendra, SALUT. Par nos Lettres du treize Septembre 1671. Nous aurions permis à nôtre cher & bien amé le Sieur ANDRE' FELIBIEN, Historiographe de nos Bâtimens, de faire imprimer, vendre & debiter par tout nôtre Royaume les ouvrages par lui composez, contenant *les Descriptions de nos Maisons Royales, & tout ce qui concerne nos Bâtimens & Manufactures*, lesquels ouvrages ont été reçûs du public, avec toute la satisfaction que ledit Sieur Félibien en pouvoit attendre. Ce qui auroit donné lieu après son décés à nôtre cher & bien amé le Sieur J. FR. FELIBIEN son fils, aussi Historiographe de nos bâtimens, Arts & Manufactures; & Garde de nos Antiques; de continuer lesdits ouvrages, les augmenter & en composer de noûveaux, ayant même déja donné au public plusieurs ouvrages concernans lesdits Arts & Manufactures

Privilege.

que nous avons agréez, tous lesquels ouvrages il seroit bien aisé de faire imprimer, s'il nous plaisoit de lui accorder nos Lettres sur ce nécessaires. A CES CAUSES, voulant favorablement traiter ledit Sieur Félibien fils, nous lui avons permis & accordé, permettons & accordons par ces présentes, de faire imprimer, graver, vendre & debiter par tout nôtre Royaume les ouvrages qui restent à imprimer dudit Sieur Félibien son pere, & ceux que ledit Sieur Félibien fils a composez, contenant les Descriptions de nos Maisons Royales, & de tous les ornemens qui se rencontrent en icelles, & généralement tout ce qui concerne nos bâtimens, arts & manufactures, architecture, peintures, sculptures, & carouzels, & autres ouvrages qu'il composera, avec figures ou sans figures, ensemble ou séparément, autant de fois & par tel Imprimeur & Libraire que bon lui semblera, pendant l'espace de dix années entiéres & consécutives, à commencer du jour que chaque ouvrage sera achevé d'imprimer, iceux faire vendre & debiter par tout nôtre Royaume, faisant trés expresses défenses à tous Imprimeurs & Libraires & autres d'imprimer, vendre & debiter lesdits ouvrages sous quelque prétexte que ce soit, d'augmentation, correction, chan-

Privilege.

gément de titre, impression étrangere en quelque sorte & maniere que ce soit sans le consentement de l'exposant, & de ses ayans causes, à peine de confiscation des exemplaires contre-faits, trois mille livres d'amende, & de tous dépens, dommages & interests, à la charge par ledit exposant de faire Imprimer lesdits ouvrages sur de bon papier, & en beaux caracteres suivant les Reglemens dés années 1618. & 1686. que l'impression en sera faite en nôtre Royaume & non ailleurs, & de faire registrer ces présentes sur le Registre de la Communauté des Imprimeurs & Libraires, mettre deux exemplaires de chacun desdits ouvrages dans nôtre Biblioteque publique, un en celle de nôtre Château du Louvre, & un en celle de nôtre trés-cher & Féal Chevalier Chancelier de France, & Commandeur de nos ordres le Sieur Boucherat, avant que de l'exposer en vente, à peine de nullité des presentes, du contenu desquelles vous mandons faire joüir l'exposant & ses ayans cause, pleinement & paisiblement, cessant & faisant cesser tous troubles & empeschemens contraires. Voulons qu'en mettant au commencement ou à la fin de chacun desdits ouvrages l'Extrait des presentes elles soient tenuës pour bien & duëment signifiées, & qu'aux copies colla-

Privilege.

tionnées d'icelles par l'un de nos amez & feaux Conseillers Secretaires, foy soit ajoûté comme à l'Original. Commandons au premier nôtre Huissier ou Sergent sur ce requis, & faire pour l'execution des presentes tous actes requis & necessaires sans demander autre permission: CAR tel est nôtre plaisir. Donné à Paris, le vingt-unième jour de Mars, l'an de Grace mil six cens quatre-vingt-dix-sept. Et de nôtre Regne le cinquante-quatre. Signé, Par le Roy en son Conseil. LE NORMAND.

Registré sur le Livre de la Communauté des Imprimeurs & Libraires, conformément aux Reglemens. A Paris le 13. Octobre 1698.

Signé, C. BALLARD, Syndic.

DESCRIPTION
SOMMAIRE
DE
VERSAILLES.
ANCIENNE ET NOUVELLE.

VERSAILLES n'est qu'à quatre lieuës de Paris. On y alloit autrefois par le haut des montagnes de paſſy, de ſaint Cloud, de vileda-vray & de picardie. A préſent de nouveaux chemins plus faciles ſe trouvent aux côtez de la riviére de ſeine, l'un dans la plaine de grenelle, & un autre proche du vilage d'auteüil. Le dernier eſt d'un travail conſidérable. On y a fait des levées de terre fort hautes, avec des ponceaux de pierre de diſtance en diſtan-

Les chemins de Paris à Verſailles.

A

ce, & des ponts de bois pour traverser la rivière & passer dans le vilage de seve. Le chemin de la plaine de grenelle va aussi se rendre en cét endroit. Delà une grande route conduit par une chaussée encore plus nouvelle & fort commode, ou par les hauteurs de viroflay* dans la principale avenuë de Versailles, d'où l'on découvre dans un valot spacieux la vile, le château, les jardins, & une partie du grand parc.

ou Giroflay.

VERSAILLES.

L'aqueduc de Montreüil.

L'ON aperçoit assez prés de la nouvelle chaussée dans le vilage de montreüil un acqueduc construit avec beaucoup de solidité. Il a cinq cens toises de longueur & soixante-dix-huit pieds dans sa plus grande hauteur, sur une largeur de 12. pieds par le bas & de huit pieds par le haut, dont quatre pieds sont occupez par le canal où l'eau passe: & ce canal a cinq pieds de hauteur jusqu'à sa couverture qui est faite de grands cartiers de pierre taillée en plate forme. Sous ce même canal l'aqueduc a dans des intervalles éloignez quatre grandes

de Versailles.

arcades qui servent de passage à autant de différens chemins, dont le plus proche de Versailles conduit dans une autre avenuë du Château, appellée l'avenuë de Saint Cloud.

Soit que l'on suive ce chemin de traverse, ou que par la route ordinaire l'on entre dans la principale des avenuës de Versailles appellée la grande avenuë de Paris, il faut de côté ou d'autre passer au pied de la butte Monboron. Les changemens qu'on y a faits l'ont renduë célebre. Elle fut aplanie en 1684. à la hauteur qu'elle est aujourd'huy ; & pendant que plusieurs Regimens de Soldats étoient employez à ce travail, deux mile Ouvriers bâtirent l'Aqueduc de Montreüil ; un pareil nombre de Travailleurs firent dans la même année la chaussée d'Auteüil, le Pont de Séve, & le chemin de Viroflé : & plus de vingt mile hommes étoient occupez à plusieurs autres travaux des dépendances de Versailles. La butte Monboron est enfermée par le bas d'une clôture de muraille de plus de mile toises. Cinq portes y donnent entrée par differens côtez. La butte conserve

La butte Monboron.

A ij

encore vingt cinq à trente pieds de hauteur : & elle est terminée par une esplanade tres-vaste, où des reservoirs surprennent par leur étenduë & par leur construction.

Les Réservoirs. L'esplanade a six cens cinquante pas de l'Orient à l'Occident, & quatre cens cinquante pas depuis le côté du Midy où la butte Monboron est bornée par la grande avenuë de Paris, jusqu'au côté du Septentrion, où l'avenuë de Saint Cloud se rencontre. Au milieu de cet espace il y a cinq bassins profonds de dix huit pieds, distans de neuf pas les uns des autres, & qui occupent ensemble une longueur de cinq cens vingt pas, sur trois cens cinquante pas de largeur. Le plus petit de ces bassins est rond. on le nomme le receptacle des eaux. Il a soixante pieds de diametre, qui sont pris des angles des quatre autres bassins ; & ceux-cy qui servent de réservoirs ont chacun dans œuvre cinq cens dix pieds de longueur & trois cens vingt-quatre pieds de largeur. Outre les angles interieurs qu'on en a retranchez en portion de cercle pour former le receptacle d'eaux, l'on a fait des pans coupez

de Versailles.

chacun de cent quatre vingt pieds aux quatre angles exterieurs de ces mêmes réservoirs.

Des allées de traverse bornent le bas de la butte du côté de l'Occident & s'étendent de l'avenuë de Saint Cloud au delà de la grande avenuë de Paris, jusqu'à une troisiéme avenuë qu'on nomme l'avenuë du Parc aux Cerfs. Le Chenil n'est séparé de la butte Monboron que par la largeur de ces allées de traverse. Il est facile de comprendre la grandeur de ce premier logement, quand on sçait combien le Roy a d'Officiers pour la Chasse du Cerf; la quantité de Gentilhommes, de Pages, de Gardes, d'Archers, de Valets, d'Artisans, de chevaux, de chiens & d'équipages: Car toute cette suite si nombreuse se trouve rassemblée dans le Chenil auprés du logement de M. le Grand Veneur, qui est le principal corps de logis qu'on y doit remarquer.

Avant que de parvenir à ce logement par l'entrée la plus proche de la butte, il faut à travers la longueur de trois Cours passer entre huit autres Cours qui sont à droit & à gau-

Les avenuës & les allées de traverse.

Le Chenil.

che une simetrie agréable, tant par leur figure particuliere que par huit corps de Logis séparez de celuy de M. le Grand Veneur, d'où l'on découvre par la principale cour qui est octogone, toutes les autres cours.

Quant à ce principal corps de Logis, qui est différent de tous les autres & plus magnifique, on le bâtit dés l'année 1670. pour le Duc de Chaulnes, duquel le Roy l'a acheté. Cet édifice a cent cinquante pieds de longueur & quarante huit pieds de largeur. Un portique orné de colonnes & de pilastres d'ordre dorique, est au milieu de la face du côté de la cour, & accompagné dans la même face de douze fenêtres de même simetrie. Il y a quatre fenêtres semblables à chaque face des extrémitez du même bâtiment & quinze dans la face Occidentale. Un attique de la hauteur des frontons qui ornent les deux grandes faces a aussi des fenêtres qui répondent à celles du grand étage de dessous : & cet attique qui cache les combles est terminé par des vases en amortissement à la maniere des plus beaux Palais d'Italie. Les apartemens du dedans sont tres-commodes. Un jardin plus haut que les cours environne de trois côtez par dehors ce principal corps de Logis; & jusqu'à une balustrade qui termine le jardin vers l'Occident, le Chenil a trois cens soixante pas de longueur sur environ deux cens pas de largeur du Septentrion au Midy.

La ressemblance & la simetrie parfaite que l'on trouvera par dehors entre l'Hôtel de Conty & le logement de M. le Grand Veneur, doit faire connoître que l'un & l'autre bâtiment ont été faits sur un même dessein. L'Hôtel de Conty fut achevé le premier. Il a d'abord appartenu au Maréchal de Bellefons. Le Chevalier de Loraine, & ensuite Mr le Duc de Vermandois pour qui le Roy l'acheta l'ont possedé successivement : Enfin Madame la Princesse de Conty l'occupe depuis la mort du jeune Prince son frere, & l'a beaucoup fait reparer & embellir.

L'Hôtel de Conty.

Il n'y a que la largeur de la grande avenuë de Paris à traverser pour aller du Chenil à cet Hôtel. Les entrées des cours de l'un & de l'autre sont fermées de portes de fer suspenduës à des massifs de pierres ornez de pilaſtres, d'entablemens & de vaſes. La premiere cour de l'Hôtel de Conty & une autre plus grande, qui eſt la principale, ſont environnées d'arbres juſqu'auprés du logis de la Princeſſe.

Le portique ou veſtibule ouvert de cet édifice donne entrée dans un ſalon qui conduit à main droite à un apartement, & à main gauche à une galerie ſuivie de deux cabinets. L'appartement eſt compoſé vers le jardin d'une antichambre avec une Chapelle, d'une chambre, de deux cabinets, dont le dernier a vûë ſur la cour, & d'une autre piece avec un coridor qui ſe termine à l'un des bouts du portique.

La galerie a vûë auſſi ſur les jardins où l'on deſcend par une terraſſe qui s'étend le long de la face du bâtiment. Il faudroit une deſcription particuliere pour en bien faire connoître toutes les beautez, & ſur tout pour donner une idée convenable d'un bain magnifique qui a été conſtruit pour la Princeſſe depuis quelques années à l'extrémité des jardins, proche l'avenuë du parc aux Cerfs qui borne ces jardins vers le Midy.

de Versailles.

Mais pour ne nous pas éloigner de nôtre principal sujet, commençons à raporter mot à mot ce qui a déja été écrit touchant le Château de Versailles dans la premiere description qui en a été donnée, & d'ajoûter à cette description sommaire un récit un peu plus étendu des divers changemens qui ont été faits depuis, dans cette Royale demeure; ce que nous entremêlerons avec le plus de convenance qu'il sera possible, suivant l'ordre de la premiere description.

 Entre toutes les maisons Royales « celle de Versailles ayant particulie- « rement eu le bon-heur de plaire au « Roy, SA MAJESTÉ commença « en l'année 1661. à y faire travail- « ler pour la rendre plus grande & « plus logeable qu'elle n'estoit. Car « ce Château que LOÜIS XIII. « avoit fait bâtir, n'étoit composé « alors que d'un corps de logis sim- « ple, de deux aîles, & de quatre « pavillons: Desorte que pour y lo- « ger une Cour aussi grande qu'est « aujourd'huy celle du Roy, il a falu « l'augmenter beaucoup. Cependant « comme SA MAJESTÉ a eu cette « pieté pour la memoire du feu Roy «

» son pere, de ne rien abattre de ce
» qu'il avoit fait bâtir; tout ce que
» l'on y a ajoûté n'empêche point
» qu'on ne voye l'ancien Palais tel
» qu'il estoit autrefois, excepté que
» l'on a pavé la cour de marbre,
» qu'on l'a enrichie de fontaines &
» de figures, qu'on a orné les encoi-
» gnûres de volieres, & les faces de
» balcons dorez; & qu'enfin l'on en a
» embelly toutes les parties, pour ré-
» pondre en quelque sorte au reste
» des grands bâtimens qu'on y a
» ajoûtez, & faire que la propreté
» & la délicatesse des ornemens fist
» supporter ce qu'il y a de trop pe-
» tit dans l'ancien bâtiment. Tout
» cela rend à present cette maison si
» magnifique, qu'elle est sans doute
» un des plus beaux lieux qui soit
» au monde; l'art ayant non seule-
» ment reparé par ses soins les de-
» fauts que la nature y avoit laissez,
» mais l'ayant enrichy de tout ce
» qu'on peut rencontrer de plus rare
» & de plus beau dans toutes les au-
» tres maisons de plaisance.
»   Comme celle-cy est aujourd'huy
» les délices du plus grand Roy de
» la terre, qu'elle est tous les jours

de Versailles.

visitée de tout ce qu'il y a de personnes en France, & que les Etrangers, & ceux qui ne peuvent pas avoir le plaisir de la voir, sont bien-aises d'en ouïr raconter les merveilles; il a esté trouvé à propos, qu'en attendant que toutes les choses qui sont commencées, & ausquelles on travaille sans cesse dans cette maison Royale, soient entierement achevées & donnent lieu d'en faire une description ample & exacte, l'on en commençât une qui bien que bréve & sommaire ne laissera pas de donner quelque idée de cet agréable sejour à ceux qui en sont éloignez. Elle pourra même servir à beaucoup de personnes qui vont la visiter; car en leur faisant observer par ordre une infinité de choses, sur lesquelles ordinairement la vûë ne s'arrête pas à cause de la grande quantité d'objets qui dissipent les sens, & qui cependant meritent toutes d'être considérées en particulier; ils auront encore moins de peine à s'en souvenir, & à repasser agréablement dans leur esprit ce qu'ils auront

» vû pour en faire part à leurs
» amis.
» Versailles est composé, comme
» je viens de dire, de l'ancien Châ-
» teau que le Roy a trouvé bâty;
» des édifices de même simetrie qu'il
» y a fait ajoûter pour le rendre plus
» logeable; & outre cela d'un grand
» corps de bâtiment qui l'environ-
» ne du côté du Jardin, & dont
» l'architecture est tres-magnifique.
» N'étant éloigné de Paris que de
» quatre petites lieuës, on y peut
» aller aisément sans être obligé de
» coucher dehors; ce n'est pas qu'un
» seul jour puisse suffire pour en bien
» voir toutes les parties; toutefois
» ceux qui employent bien l'espace
» d'une grande journée peuvent en
» parcourir tous les lieux.
» La Maison est bâtie sur une pe-
» tite éminence élevée au milieu
» d'un grand valon entourée de co-
» lines. Lors qu'on a descendu celles
» qui le cachent du côté de Paris,
» on entre dans une avenuë de qua-
» tre rangs d'ormes qui forment trois
» allées, dont celle du milieu a
» vingt cinq toises de large, & les
» deux autres chacune dix toises,

de Versailles. 13

« Cette avenuë qui est d'une grande
« longueur, se termine devant le
« Château, dans une place qu'on
« appelle la grande place Royale,
« au milieu de laquelle il doit y
« avoir une Fontaine, & où abou-
« tissent encore des deux autres cô-
« tez, deux autres avenuës un peu
« moins larges que celle dont je
« viens de parler. Ces trois avenuës
« font un effet fort agréable, quand
« on les regarde du côté du Palais.
« La grande place a cent quatrevingt
« toises de face dans sa plus grande
« largeur. Elle est environnée avec
« simetrie des pavillons que les Prin-
« ces & les Seigneurs de la Cour ont
« fait bâtir, & des maisons particu-
« lieres qui forment la nouvelle Vile.

La grande place Royale.

Deux Hôtels ornez de dômes faisoient face autrefois sur la grande place Royale entre les trois avenuës. Ils furent bâtis l'un pour le Duc de Noailles, & l'autre pour le Comte de Lauzun & le Marquis de Guitry. Ces mêmes Hôtels ont depuis été abattus pour faire place à d'autres édifices incomparablement plus magnifiques, qu'on appelle aujourd'huy la petite & la grande Ecurie.

La petite Ecurie.

La petite Ecurie située entre l'avenuë du Parc aux Cerfs, qu'on nomme aussi l'avenuë de Sceaux, & la grande avenuë de Paris, est bornée à l'Orient par les jardins de l'Hôtel de Conty, dont il a été parlé. Delà cette Ecurie occupe un espace de plus de six cens pieds de longueur jusqu'à une grille de fer enrichie d'ornemens dorez, & dont la porte sert à passer de la grande place Royale dans la principale cour de cette Ecurie. La grille contient toute l'étenduë de l'entrée de cette cour qui a cent quatrevingtdouze pieds entre deux pavillons qui la terminent. On ne voit gueres d'ouvrages d'architecture d'une composition aussi excellente que celle des bâtimens qui décorent cette cour. Ils forment ensemble une parfaite simetrie, & il y a de l'élégance jusque dans les moindres ornemens. Un corps de logis large de quarante deux pieds & long de cent vingt s'étend derriere chacun des deux pavillons de l'entrée jusqu'à un autre pavillon semblable où la cour s'élargit, & contient environ trois cens pieds du Midy au Septentrion.

de Versailles. 15

Pour la face opposée à la grille une demilune ou portion de cercle de plus de cent pieds d'ouverture sur quatre vingt cinq pieds de profondeur sert à borner la vûë plus agréablement de ce côté. Il y a dans le milieu un avantcorps, où des massifs ornez de bas reliefs représentans des trophées, soûtiennent un grand fronton. Une arcade contenuë entre ces massifs a quinze pieds de largeur sur vingt huit pieds de hauteur. Elle renferme une porte couronnée de son fronton particulier, audessus duquel on voit un groupe de figures d'hommes & de chevaux de grandeur naturelle; & cette porte est la principale de toutes celles des bâtimens qui environnent la Cour.

Dix huit arcades décorent le reste de la demilune de part & d'autre de l'avantcorps. Les autres bâtimens qu'on a distinguez dans la même cour sont ornez d'arcades en enfoncement, où l'on a pratiqué les ouvertures des fenêtres. Et tous ces édifices hauts de trente cinq pieds jusqu'à l'entablement qui couronne l'étage superieur, sont terminez & couverts par des combles brisez de quinze à seize pieds d'élévation. On laisse à juger de la quantité de logemens contenus dans l'enceinte de cette cour.

M. le Premier Ecuyer en occupe l'appartement le plus considérable. Trois grandes galeries jointes à un Manége couvert, & toutes voutées de pierre & de brique servent avec des écuries séparées par six cours particuliéres à loger quatre à cinq cens chevaux d'attelage & de selle, dont la petite Ecurie du Roy est ordinairement composée.

Le Manége couvert, deux des trois grandes galeries & les édifices des cours les plus proches des avenuës forment à l'Orient une face de bâtiment de prés de cinq cens pieds d'étenduë le long d'un Manége découvert qui contient soixante & douze pieds dans sa moindre largeur jusqu'au jardin de l'Hôtel de Conty. Et c'est au milieu de cette face Orientale qu'un avantcorps, où il y a trois grandes arcades, est couronné par un fronton remply d'un basrelief où Alexandre paroît dompter le cheval Bucephale.

La grande Ecurie située entre l'a- *La grande* venuë de Paris & l'avenuë de Saint *de Ecurie.* Cloud au lieu qu'occupoit autrefois l'Hôtel de Noailles se fait distinguer d'abord par des ornemens qui luy conviennent, & qui se présentent du côté de la place. M. le Grand Ecuyer occupe le principal logement. Il y a aussi un logement considérable pour le premier Ecuyer de la même Ecurie.

Mais combien d'autres Ecuyers, de Pages, d'Officiers & de gens de livrée sont logez dans les appartemens hauts, ainsi qu'à la petite Ecurie? Car la grande dont nous parlons contient à peu prés la même étenduë de bâtiment, & un pareil nombre de cours; & elle offre un aspect tout semblable du côté de la place & vers les avenuës. Les façades sur la principale cour sont bâties de pierres taillées en bossage. Il y a deux étages. Un entablement couronne chaque étage de part & d'autre de la cour jusqu'à l'avantcorps du milieu de la demilune. Cet avantcorps dans l'une comme dans l'autre Ecurie comprend la hauteur entiere des deux étages. Il est orné d'ouvrages

B

de sculpture qui représentent des trophées & des groupes d'hommes, & de chevaux. Les clefs de toutes les arcades de la Cour sont embellies de têtes d'hommes & de femmes. Il y a des figures & d'autres ornemens dans les frontons, tant du grand avantcorps, que des pavillons qui s'avancent sur la place aux extrémitez de la grille qu'on voit toute enrichie d'ornemens & de dorures, principalement au dessus de la porte où sont les armes du Roy.

Quant aux faces de bâtimens sur les autres cours vers les avenuës, & à cette autre grande façade angulaire de plus de cinq cens pieds opposée à l'Orient, elles sont la plûpart construites de pierre avec des tables de brique dans les tremeaux des fenêtres ; desorte que la différence des deux Ecuries consiste plûtoft dans l'usage & dans la distribution des dedans que dans tout ce qui se voit au dehors.

Les édifices dont la demilune de la grande cour est formée contiennent des portiques voûtez moins profonds que ceux de la petite Ecurie qui servent de remises, ce qui rend les deux cours de derriere plus larges de dix-huit pieds dans la grande Ecurie. La porte du grand avant-corps conduit à un Manége couvert long de plus de cent cinquante pieds & large de quarante. Il y a dix arcades de part & d'autre pour passer aux deux cours qu'il sépare. Entre ces mêmes cours & celles dont les portes principales sont du côté des avenuës, deux galeries servent à y loger une partie des chevaux de la grande Ecurie. C'est pour ce même usage qu'au lieu des deux galeries doubles qui sont dans la petite Ecurie, il n'y a icy dans la même disposition que des galeries simples qui se joignent en angle droit aux précédentes sans avoir de portes de communication entre elles, ny même avec le Manége où elles vont se terminer obliquement en angle obtus : car ce sont ces deux galeries qui contiennent toute la façade angulaire opposée à l'Orient. Il y a seulement au milieu de cette façade un enfoncement en portion de cercle de quatre vingt dix pieds d'ouverture sur vingt quatre pieds de profondeur jusqu'à la porte qui sert pour entrer des

B ij

Manége couvert à une place très-spacieuse que le jardin du Chenil borne vers l'Orient. La place est un lieu propre pour de grands tournois tels que ceux qui s'y firent dans les premieres années du mariage de Monseigneur. Elle a cinq cens quarante pieds dans sa plus grande largeur depuis l'avenuë de Paris jusqu'à des Ecuries pour cent chevaux, qui bornent cette largeur du côté du Septentrion. La même place s'étend de plus de quatre cens cinquante pieds vers l'Orient. Elle est terminée de ce côté par le jardin du Chenil élevé en terrasse, jusqu'où toute la grande Ecurie contient par ce moyen neuf cens pieds d'étenduë depuis la place Royale. Il n'est pas nécessaire de nous arrêter icy à marquer ny les riches équipages entretenus dans la petite Ecurie, ny tous les chevaux de selle & de main qui se rencontrent, tant dans la même Ecurie pour le service ordinaire du Roy, de Monseigneur, de Monseig. le Duc de Bourgogne & de M^{rs} les Princes Enfans de France, que dans la grande Ecurie pour aller en campagne. Il n'y a personne qui ne sçache qu'en cela la magnificence de Sa Majesté surpasse infiniment celle des autres Monarques. Les Princes Etrangers se font gloire même d'envoyer de tous côtez au Roy les chevaux les plus estimez qu'ils ayent chez eux ; desorte qu'on voit dans les seules Ecuries de Versailles, ce qu'on ne pourroit rencontrer ailleurs que par de longs Voyages ; je veux dire une élite admirable de chevaux d'Angleterre, de Pologne, de Dannemarx, de Prusse, d'Espagne, d'Affrique, de Perse, & de divers autres Païs éloignez, sans parler de ceux de France.

Outre divers Hostels qu'on peut considérer dans la place Royale, tant du côté du Midy vers le quartier qu'on nomme le vieux Versailles que du côté du Septentrion, vers cet autre quartier qui est appellé la Vile neuve, il y a dans ce dernier quartier tout ce que l'on peut desirer pour la commodité d'une grande Vile. Le Roy en fit faire les alignemens en 1671. Des places furent distribuées pour plusieurs Hôtels, & Sa Majesté donna aussi le moyen par ses liberalitez à quantité de Particuliers d'y bâtir des maisons de

La Vile neuve.

même simetrie. Ce quartier s'étend de quatre à cinq cens pas vers le Septentrion depuis la place Royale jusqu'au grand Etang, & il a plus de mile pas d'étenduë vers l'Orient le long de cet Etang & du Parc de Clagny, qui se trouve joint par ce moyen à ce même quartier de Versailles.

La place Dauphine. Si l'on veut parcourir les principaux lieux de la Vile neuve, on entrera d'abord dans une place publique de figure octogone, qu'on nomme la Place Dauphine. *L'Eglise Paroissiale.* L'Eglise Paroissiale de tout Versailles est située au delà dans la grande ruë. C'est un bâtiment qui merite d'être consideré. Il a hors œuvre quarante sept toises de longueur sur environ dix huit toises de largeur, compris les aîles ou bascôtez & les Chapelles. Toute l'Eglise est construite & voûtée de pierre. Le portail est accompagné de deux clochers un peu moins élevez qu'une espéce de coupole ou dôme qui couronne le haut de l'Eglise, & qui répond au milieu de la croisée. Il y a proche de la même Eglise d'un côté la maison de la Charité, & d'un autre côté un grand

de Versailles. 23

logement que le Roy a fait faire pour le Curé & pour la Communauté des Peres de la Mission qu'on a établie à Versailles en l'année 1676.

La grande ruë de la Paroisse où la face du portail de cette Eglise est construite, conduit vers l'Orient dans la place du Marché qui est carrée, tres-reguliere, & la plus grande de Versailles aprés la place Royale. Elle a environ quatre vingt toises de chaque côté. Il n'y a guere que la largeur de l'avenuë de Saint Cloud à traverser de cette place pour passer proche le Chenil à une autre partie de la Vile neuve moins spacieuse que la partie qui est du côté de l'Etang. Mais pour ne nous arrêter à considérer dans l'une & dans l'autre partie de ce quartier, & même dans le vieux Versailles, que les bâtimens du Roy; je diray seulement que dans une grande ruë qui traverse la place Dauphine de l'Orient à l'Occident, on voit dans la partie Orientale du côté du Septentrion les Ecuries de la Reine. Une petite place carrée qu'on nomme la place de Bourgogne n'est pas éloignée delà: Et il y a de même de côté proche des Ecuries de Monsieur

La place du Marché.

Les Ecuries de la Reine.

La place de Bourgogne.

Frere unique du Roy, un gros pavillon appellé le Château d'eau qui sert de réservoir, & qui est différent d'autres grands réservoirs dont il sera parlé dans la suite.

Le Château d'eau.

Pour le vieux Versailles ou le quartier opposé à celuy de la Vileneuve, on y descend par plusieurs rampes que la grande place Royale a du côté du Midy. Un ancien Vilage ou Bourg fort petit & mal bâti qui a donné le nom à Versailles, se trouvoit situé autrefois dans ce quartier. Il n'en reste plus aucun vestige. L'on commença à le rebâtir sur de nouveaux allignemens dés que le quartier de la Vile neuve fut fait. Entre plusieurs Hostels que le vieux Versailles a proche de la place Royale, l'on y voit l'Hostel de la Chancellerie. Plus loin à côté de l'avenuë de Sceaux, & au delà du Bureau des Coches sont les Ecuries des Gardes du Corps, vis-à-vis desquelles de l'autre côté de la même avenuë & derriere l'Hôtel de Conty, dont il a été parlé, un autre logement assez vaste & fort simple est occupé par la Compagnie des Galiotes employée à entretenir sur les Canaux de Versailles

Le vieux Versailles.

La Chancellerie.

de Versailles. 25

des Galeres, des Navires & d'autres semblables bâtimens.

Quantité d'Hôtels & de Maisons considérables remplissent le vieux Versailles, tant dans la partie la plus éloignée vers une place qu'on a commencée proche le Parc aux Cerfs dont elle porte le nom, qu'aux environs du Jeu de paulme, & dans la partie la plus proche du Château. L'on a construit de ce côté l'Hôtel nouveau de la Surintendance occupé par M. le Surintendant des Bâtimens. Divers magazins accompagnez de logemens sont auprés de la pépinière: Mais il n'y a pas dans tout ce quartier du vieux Versailles d'édifices plus remarquables, qu'une Eglise & un Convent des P.P. Recolets, & qu'un logement tres-spacieux que l'on nomme le grand Commun. Ce bâtiment contient environ cinquante toises de face de chaque côté par dehors. La cour située au milieu a trente toises. Le logement est double tout autour & voûté dans l'étage du rés de chaussée qui sert la plus grande partie à des cuisines, à des dépenses, à des offices & à des salles pour les Officiers du Roy qui ont bouche à cour.

La place du Parc-aux-Cerfs

Le Jeu de paulme.

La Surintendance.

Les Recolets.

Le grand Commun.

C

Il y a aussi une Chapelle dédiée à S. Roch. L'étage audessus a autour de la cour un balcon de fer. Un autre grand étage est élevé sur celui-cy: & il y a un fort grand nombre de logemens proche des combles qui sont brisez & divisez en trois petits étages: desorte qu'on compte dans le bâtiment du grand Commun plus de sept cens pieces de logement de toutes grandeurs. Il est construit dedans & dehors de pierre & de brique avec des frontons dans chaque face où l'on a représenté par des bas reliefs dans les faces de dehors les figures des quatre Saisons avec les fruits & les fleurs qu'elles produisent. Il y a une fontaine au milieu du grand Commun; & l'on en a fait dans toutes les places, dans plusieurs rües de l'un & de l'autre quartier de Versailles & aux entrées du Château qu'il est temps d'aller visiter par l'entrée principale qui est du côté de la grande Place Royale.

de Versailles.

LE CHÂTEAU.

DE la grande Place Royale, l'on monte au Château par une autre place en forme de demi-lune. Elle contient dans le haut toute la largeur de la face du logis, & elle fait partie de l'avantcour, qui depuis le commencement de la demilune jusqu'à la grande cour du Château a quatre vingt-cinq toises de long, & aux quatre coins quatre gros pavillons qui servent de logement à plusieurs Officiers. — *L'avant-cour.*

De cette avantcour l'on entre dans la grande cour qui est fermée d'une balustrade de fer avec deux corps de logis sur les aîles. Ils ont en face chacun un pavillon avec des balcons soûtenus de colonnes, & ornez de statuës. Ces deux grands corps de bâtiment avec leurs pavillons, servent pour les Offices, & ont derriere eux des cours & d'autres logemens séparez. Joignant ces deux aîles, il y a d'autres corps de logis doubles, qui atta- — *La grande cour.*

» chent le Château neuf avec le
» vieux, & rétreffiffant le bout de
» la grande cour, se terminent avec
» beaucoup de grace à la petite qui
» est plus élevée.
»   Il est bon de remarquer d'abord
» que comme le Soleil est la devise
» du Roy, & que les Poëtes con-
» fondent le Soleil & Apollon, il
» n'y a rien dans cette superbe mai-
» son qui n'ait raport à cette divini-
» té. Aussi toutes les figures & les
» ornemens qu'on y voit, n'estant
» point placez au hazard, ils ont re-
» lation, ou au soleil, ou aux lieux par-
» ticuliers où ils sont mis. C'est pour-
» quoy comme ces deux aîles de la
» grande cour sont particulierement
» destinées aux Offices de la bouche,
» du Gobelet, de la Panneterie, de la
» Fruiterie, & autres Offices de
» Sa Majesté ; ceux qui ont la con-
» duite de ces grands ouvrages, ont
» fait représenter les quatre Elémens
» sur le haut des portiques de ces
» deux aîles, puisqu'à l'envi l'un
» de l'autre ils fournissent ces Offi-
» ces de tout ce qu'ils ont de plus
» exquis pour la nourriture des hom-
» mes. Car la terre donne liberale-

mont ses animaux, ses fruits, ses ‟
fleurs & ses liqueurs : L'Eau four- ‟
nit les poissons : l'Air les oiseaux : ‟
& le Feu le moyen d'aprêter la ‟
plûpart de tous ces alimens. Et ‟
parce qu'il y a douze figures sur ‟
chaque balcon, chaque Elément a ‟
trois figures qui le représentent. ‟
La Terre est figurée par Cerés, ‟
Pomone & Flore. Ces trois figu- ‟
res sont sur le balcon à gauche en ‟
entrant. L'Eau est représentée par ‟
Neptune, Thetis & Galathée qui ‟
sont ensuite sur le même balcon. ‟
L'Air est représenté par Junon, ‟
Iris & le Zephire. Ces figures ‟
sont sur le balcon à main droite. Le ‟
Feu représenté par Vulcain, & deux ‟
Cyclopes, Sterops & Bronte, sont ‟
ensuite sur le même balcon : & cha- ‟
cun de ces balcons a dix toises de ‟
long qui est la largeur de chaque ‟
pavillon. ‟

De cette grande cour l'on entre ‟ *La petite*
dans la petite cour où l'on monte ‟ *cour.*
d'abord par trois marches ; & ‟
aprés avoir passé un large pallier, ‟
on monte encore cinq autres mar- ‟
ches. Cette cour est pavée de mar- ‟
bre blanc & noir avec des bandes ‟

» d'autre marbre blanc & rouge.
» Au milieu est un bassin de Fontaine
» de marbre blanc avec un groupe
» de figures de bronze doré.
»   La face & les aîles du petit Châ-
» teau sont bâties toutes de briques
» & de pierre de taille; & dans les
» tremeaux entre les fenêtres, il y a
» une infinité de bustes de marbre
» sur des consoles aussi de marbre
» pour la décoration du Palais. Au
» devant de la face est un balcon
» soûtenu par huit colonnes de mar-
» bre jaspé de blanc & rouge. Elles
» sont d'ordre dorique, ayant leurs
» bases & leurs chapiteaux de marbre
» blanc. Dans les deux angles des aîles
» de la face il y a deux trompes de
» pierre de taille qui portent deux
» cabinets environnez de volieres de
» fer doré, & audessous deux bas-
» sins de marbre blanc en forme de
» grandes coquilles où sont de jeu-
» nes Tritons qui jettent de l'eau.

A présent le Château de Versailles
est composé d'un si grand nombre de
corps de logis, qu'outre l'avant-cour,
la grande cour, les deux cours que l'on
voit à ses côtez, la petite cour pavée de
marbre, & deux autres petites cours

environnées de bâtimens qui l'accompagnent; il y a deux grandes aîles qui s'étendent l'une vers le Septentrion & l'autre vers le Midy. Dans la premiere qu'on nomme l'aîle neuve sont deux cours particulieres; & dans l'autre aîle vers le Midy il y a quatre grandes cours, outre les petites & celles de l'ancienne Surintendance, dont le principal logement occupé à present par M. le Contrôlleur General est à l'extrémité de cette aîle.

Un espace de près de cent toises de longueur sur soixante cinq toises de largeur forme ce que l'on appelle l'avantcour; & l'on comprend dans cette étenduë toute la demilune qui s'avance de trente-cinq toises au dedans de la grande Place Royale, & qui dans sa plus grande largeur a soixante-cinq toises de même que le reste de l'avantcour dont elle fait partie. Le milieu de cette demilune sort davantage en dehors que le reste, & contient trente-huit toises de face. Une balustrade ou grille de fer haute de douze piéds posée sur un soûbassement de pierre qui l'éleve encore de quatre à cinq piéds occupe cette éten-

L'avantcour.

duë; & c'est la porte du milieu de cette grande grille qui sert de principale entrée au Château. Son ouverture à dix à douze piéds de largueur sur dix-sept à dix-huit piéds de hauteur. Il y a deux manieres de pilastres aux côtez; & audessus est un amortissement, où l'on a représenté le Chiffre du Roy surmonté d'une couronne & accompagné de festons. Ces ornemens sont dorez ainsi que les pilastres, dans chacun desquels on a figuré une grande lyre avec un Soleil & trois fleurs-de-lys au dessus. Trois autres pilastres semblables, & distans de deux à trois toises l'un de l'autre, ornent encore la grille à chaque côté de la porte; & leurs intervalles sont remplis de barreaux qui ont en haut comme des houpes & des fers de piques dorez. Deux petits corps de garde voûtez de pierre sont construits aux extrémitez de la grille. Ils ont trois toises de face de chaque côté par dehors sur seize à dix-huit piéds de hauteur; & il y a audessus deux groupes dont les principales figures représentent des Victoires exprimées par des femmes couronnées de laurier assises sur des trophées

de Versailles.

& qui ont des aîles au dos. Celle qu'on voit à main droite lors qu'on veut entrer dans l'avantcour a une aigle Imperiale abatuë à ses pieds, & deux Captifs attachez à des chaînes; & celle qui est à main gauche terrasse un Lion qu'elle a sous le pied droit. Elle tient aussi deux Captifs enchaînez. Ces groupes sont de pierre & furent faits en l'année 1673.

En entrant dans l'avantcour par la grande grille de fer, on trouve à droit & à gauche de la demilune deux rampes d'environ huit toises de largeur. Elles occupent le dessus de divers corps de Garde voûtez qui s'étendent jusques sous deux pavillons, où il y a des escaliers pour descendre de l'avantcour dans les corps de Garde. Des balustres & des appuis de pierre, où il y a deux Fontaines séparent ces deux rampes ou espece de banquettes du reste de l'avantcour qui a quarante-huit toises dans sa plus grande largeur, & qui s'éleve aussi en glacis vers le Château.

Les Soldats des Regimens des Gardes Françoise & Suisse sont sous les armes dans cette avantcour & se rangent en haye chacun proche le corps de Garde qui est destiné pour loger ceux de sa Nation ; sçavoir les Soldats Suisses à main droite en entrant, & les Soldats François à main gauche qui devient la droite, lorsqu'on sort du Château. Deux bâtimens qui sont aux côtez de cette avant-cour si spacieuse ont chacun un grand corps de logis double, & deux pavillons aux extrémitez. Ces bâtimens ont chacun cinquante toises de longueur sur environ dix toises que les pavillons ont de face, n'excedant de part & d'autre l'épaisseur du corps principal que d'un ou de deux pieds. Ils ont par dehors au rés de chaussée de la grande Place Royale & des ruës du Nouveau & du Vieux Versailles, un étage où sont les deux corps de Garde des deux premiers pavillons. L'étage de dessus est de plein-pied avec le haut du glacis de l'avantcour ; un autre grand étage élevé sur celui-cy est terminé par des combles brisez qui contiennent encore quantité d'apartemens fort commodes. Et les principaux étages de ces bâtimens sont occupez par M. le Chancelier, & par plusieurs de

De Versailles.

Mrs les Ministres & Secretaires d'Etat.

Ces deux grands logemens, qui avec le grand Commun, le Château d'eau & plusieurs autres édifices du nouveau & du vieux Versailles empêchent que l'on ne découvre du bas de l'avantcour les bâtimens des deux grandes aîles du Château, sont de même que tous ces bâtimens & que toute la face du Château sur l'avantcour construits de pierre de taille & de brique, avec beaucoup de solidité & de simetrie. Les quatre pavillons des logemens de l'avantcour ont leurs combles enrichis de plusieurs ornemens dorez; & les couvertures des bâtimens qui forment les six principales cours du Château sont toutes dorées; ainsi que les balcons de la grande cour, & de la petite cour pavée de marbre. L'on a ôté les Fontaines, les deux Trompes de pierre & les Volieres dont il a esté parlé dans l'ancienne description. Et en l'état que le Château se trouve aujourd'huy, la disposition des bâtimens, & l'aspect qu'ils offrent du côté de la grande Place Royale dans toute la largeur de l'avantcour semblent former comme une magnifique Scene de Theatre par l'élevation en glacis du terrain, & par la diminution comme en perspective de la largeur des cours, de la hauteur & de la grandeur des bâtimens qui sont plus petits & plus resserrez à mesure qu'ils sont plus éloignez de la principale entrée. Mais il n'y a pas de lieu si avantageux pour considérer l'étenduë de tous les logemens du Château de Versailles, que le haut de l'avantcour. L'on peut de cet endroit par la grande cour, & par la petite cour pavée de marbre porter la vûë jusques dans les jardins à travers trois arcades qui servent à y entrer par un vestibule, & par une galerie basse. Deux grilles de fer l'une vers le Midy & l'autre vers le Septentrion, attachées aux pavillons du haut de l'avantcour & à des grilles semblables qui ferment vers l'Occident la grande cour du Château & les deux cours des côtez: ces deux grilles, dis-je, par où l'on peut entrer du Vieux & du Nouveau Versailles dans l'avantcour, laissent découvrir sur l'alignement même de ces principales cours les bâtimens qui renferment les cours des deux grandes aîles : Et sans changer de place, on peut en se retournant vers la demilune & la grande Place Royale remarquer au bout de cette Place la grande & la petite Ecurie qui semblent alors n'être qu'une partie avancée du Château : Desorte que la grande place paroît véritablement tenir lieu d'une premiere avantcour, ainsi qu'on la nomme fort souvent. On ne peut point aussi jetter les yeux de ce côté sans y remarquer la disposition agréable des trois avenuës qui sont séparées par les deux Ecuries, & dont le point de vûë est à l'entrée de la grande cour du Château d'où l'on voit comme d'un centre les trois autres différens aspects que nous avons observez.

Toutes les grilles ou balustrades de fer du haut de l'avantcour sont dorées, & plus richement ornées que celles d'enbas. Deux petits corps de Gardes construits & couvers de pierre aux côtez de la porte de la grande cour sont chargez en maniere de piedestaux de deux grands groupes de figures, dont l'un représente la paix & l'autre l'abondance. Des

Les cours.

barreaux dorez ferment les intervalles des colonnes de pierre qui soûtiennent les deux grands balcons des extrémitez des aîles de la grande cour : & quoy qu'on passe par dessous ces balcons aux deux cours des côtez, elles ont néanmoins chacune une porte particuliere sur l'avantcour. C'est dans l'une de ces deux cours au côté du Septentrion qu'on *La Chapelle.* bâtit la nouvelle Chapelle; & l'autre cour vers le Midy sert aux apartemens des Princes qui sont logez de ce même côté. Elles ont chacune environ douze toises de largeur & vingt toises de profondeur. La grande cour a trente toises dans sa plus grande largeur, & cinquantequatre toises de longueur compris la demilune que sa grille ou balustrade dorée qui s'avance de dix toises dans l'avantcour forme à son entrée de ce côté : mais sa largeur diminuë peu à peu vers l'Occident par divers corps de bâtimens avancez : Et l'ancien Château au fond de la petite cour pavée de marbre n'a de face que douze toises sur quinze à seize toises que cette petite cour a de profondeur.

« Le corps de logis du milieu
« de cette face a trois ouvertures,
« dont les portes par où l'on voit
« de loin l'entrée des jardins, com-
« me nous avons dit, sont de fer
« doré. Par ces mêmes portes revê-
« tuës de marbre, on entre dans un
« vestibule aussi pavé de marbre. Il
« se communique à droit & à gauche
« à deux apartemens composez d'an-
« tichambres, de chambres & de
« cabinets. Et plus bas est une galerie
« voûtée de pierre qu'on traverse sous
le nouveau Château pour entrer dans
les jardins, & qui vers ses extrémitez
a deux portes de dégagement : l'une,
pour l'apartement de Monseigneur,
qui est vers le Midy ; & l'autre pour
l'appartement des Bains, occupé
par Mr le Duc du Maine. L'un &
l'autre apartement ont toûjours eu
leurs principales entrées par la grande cour, & dans les deux petites
cours environnées des bâtimens de
l'ancien & du nouveau Château ; au
milieu desquelles dans l'étenduë de
six toises qu'elles ont de largeur,
on a élevé de nouveaux logemens
sur deux coridors ornez, l'un de colonnes & l'autre d'arcades.

Dans la grande cour jusqu'aux extrémitez de ses aîles qui sont occupées par les Offices de la bouche du Roy, & par des corps de Gardes pour les Gardes du Corps de Sa Majesté; il y a, outre plusieurs escaliers divers passages, & quelques logemens d'un côté le vestibule de la Chapelle, & de l'autre côté des Salles pour le Conseil Privé, & d'autres Salles pour les Ambassadeurs. Au même plein pied de la grande cour proche de l'apartement de Monseigneur, la Salle des Comedies & quantité de logemens environnent la petite cour des Princes; & un passage qui est au bas d'un grand escalier conduit à un coridor de soixante toises de longueur sur trois toises de largeur, Il sert dans la grande aîle que ce Château a de ce côté à donner entrée aux apartemens de Madame la Princesse de Conty, de Mr le Prince, de Mr le Duc, & d'autres Princes qui occupent les apartemens du côté du jardin. Il conduit aussi à l'ancienne Surintendance, & à un nombre extraordinaire de logemens d'Officiers qui environnent toutes les cours que l'on

Les deux grandes aîles du Château.

de Versailles. 41

l'on découvre dans la même aîle de l'autre côté du coridor par de grandes arcades ouvertes. Sous ce coridor, il y en a un autre semblable qui est de plein pied avec les cours, & qui donne entrée à des caves & à d'autres lieux soûterrains du côté des jardins; & un troisiéme coridor au-dessus du premier dont on a parlé, sert de passage pour les apartemens de Monsieur, de Madame, de Mr le Duc de Chartres & de Madame la Duchesse de Chartres, qui ont vûë sur les jardins, & qui sont de plein pied à l'étage haut du Château. L'aîle neuve a trois coridors semblables, accompagnez presque d'un aussi grand nombre de grands appartemens du côté des jardins, & de quantité de logemens autour des cours, excepté qu'à l'extrémité de cette aîle vers le Septentrion, on a commencé de construire une salle & un théatre magnifique pour les spectacles de l'Opera.

Aux deux aîles de la petite cour du Château sont deux escaliers de marbre jaspé de rouge & de blanc qui conduisent aux apartemens hauts. Celuy qui est à droit, mene

Les principaux appartemens.

D

» d'un côté sur l'aîle à une salle &
» à une galerie, & de l'autre côté à
» plusieurs chambres qui font l'a-
» partement du Roy separé de celuy
» de la Reine, par un salon qui
» occupe le corps de logis du milieu,
» & d'où l'on va de plein pied par
» trois portes sur une grande terrasse
» qui regarde le jardin. Cette ter-
» rasse est toute pavée de marbre
» blanc, noir & rouge, avec un baf-
» sin de marbre blanc au milieu,
» d'où s'éleve présentement un gros
» jet d'eau, & où l'on doit mettre un
» groupe de figures de bronze doré
» qui jetteront l'eau.

Le Châ- » On apelle le château neuf, ou
teau neuf. » grand château tous les corps de
» logis que le Roy a fait joindre à
» l'ancien bâtiment de Versailles.
» Ils ont vûë sur le jardin & sur
» les cours qui les séparent du petit
» château, auquel néanmoins ils
» sont joints par de grands escaliers
» qui communiquent aux aparte-
» mens hauts.

L'aparte- » Le Bâtiment qui est à main droi-
ment des » te, & du côté de la Grotte est com-
Bains. » posé par bas de plusieurs pieces de
» différentes grandeurs.

de Versailles.

Lorsque de la grande cour on a passé sous un portique, on rencontre le grand escalier qui a treize toises & demie de face, sur plus de cinq toises de large. On peut entrer dans le grand apartement bas par la cour qui est audelà de cet escalier, ou bien par une arcade qui est au bas du même escalier, & qui conduit dans un vestibule, qui a vûë sur le jardin comme toutes les autres pieces qui suivent.

De ce Vestibule l'on entre dans un salon qui doit être orné de la même manière que celuy qui est ensuite, lequel est peint dans ses côtez & dans son plafond de peintures à fraisque. Les différens morceaux d'architecture qu'on y a representez font paroître ce lieu, comme environné de plusieurs colonnes diversement ornées, & encore plus grand & plus élevé qu'il n'est en effet.

De cette sale on passe dans une autre qui sert de vestibule, lorsqu'on entre par la Cour dans ces apartemens. Le plafond en est soûtenu par huit colonnes d'ordre dorique, qui sont d'un marbre

D ij

» jaspé de blanc & rouge qui vient
» de Dinan & du païs de Liege. Les
» chapiteaux & les bazes sont d'un
» autre marbre un peu plus gris,
» qu'on apellé petite brèche. Ces
» huit colonnes sont disposées en
» deux rangs, quatre d'un côté, &
» quatre d'un autre, & séparent le
» vestibule en trois parties. Contre
» les murs & vis-à-vis les colonnes
» sont des pilastres de même marbre
» qui portent la corniche qui regne
» au dessous du plafond : Et du côté
» qui est opposé aux fenêtres, il y a
» deux niches pour mettre des fi-
» gures.
» Ensuite de ce vestibule est une
» autre salle, dont la corniche qui
» soûtient le plafond est portée par
» douze colonnes d'ordre Ionique
» avec leurs pilastres en arriere-
» corps. Les quatre colonnes qui sont
» dans les angles avec les douze pi-
» lastres sont d'un marbre blanc &
» noir, & les huit autres colonnes
» sont d'un autre marbre, apellé
» brèche, qui vient du côté des Py-
» renées, dont le fond est blanc
» tacheté de couleurs rouges noir
» violet bleu & jaunâtre. Les cha-

piteaux & les bases des colonnes
& des pilastres sont d'un beau
marbre blanc.

De cette salle l'on entre dans un
autre de même grandeur, dont le
plafond est de figure octogone.
Tout autour sont placez contre les
tremeaux des portes & des fenêtres,
douze piedestaux doubles de marbre
tres-rare, sur lesquels sont douze
figures de jeunes hommes de bronze doré, ayant des aîles au dos
qui représentent les douze mois
de l'année. Les chambranles ou
bandeaux des portes & des croisées sont de marbre de Languedoc
couleur de feu & blanc.

A côté de cette salle est la chambre & le cabinet des Bains. Dans
un des côtez de la chambre, il y a
quatre colonnes d'un marbre violet avec leurs bases & chapiteaux
de bronze doré. Elles servent à
séparer la place où sera une table
en forme de buffet, sur laquelle
doivent estre arrangez tous les
vases, & autres choses necessaires
pour les Bains.

Le Cabinet est comme séparé en
deux; car la partie où l'on entre

» d'abord, a dix-huit pieds en quar-
» ré, & dans le milieu il y aura
» une grande cuve de marbre ; mais
» l'autre partie qui fait comme une
» espece d'alcove, & où l'on monte
» quelques degrez, n'a que neuf pieds
» de large sur trois toises de long.
» C'est-là que seront les petites
» Baignoires de marbre ; & au
» derriere est le reservoir pour les
» eaux.
»   Tous ces lieux sont pavez & en-
» richis de différentes sortes de mar-
» bre que le Roy a fait venir de plu-
» sieurs endroits de son Royaume,
» où depuis dix ans l'on a découvert
» des carrieres de marbre de toutes
» sortes de couleurs & aussi beaux que
» ceux que l'on amenoit autrefois
» de Grece & d'Italie. L'on a ob-
» servé d'employer ceux qui sont les
» plus rares & les plus précieux
» dans les lieux les plus proches de
» la personne du Roy. Desorte qu'à
» mesure qu'on passe d'une cham-
» bre dans une autre on y voit plus
» de richesses, soit dans les marbres,
» soit dans les sculptures, soit dans
» les peintures qui embelissent les
» plafonds.

de Versailles. 47

« L'on a tenu la même conduite
« dans l'apartement d'en haut ; Car
« lors qu'on a monté l'escalier qui
« a deux rampes, l'une à droit &
« l'autre à gauche, & qu'on est ar-
« rivé par la premiere dans le grand
« pallier ; l'on entre dans sept au-
« tres pieces de plein pied, qui sont
« toutes diversement ornées de pein-
« tures & de marbres de différentes
« especes.

Apartemens hauts.

« La premiere, est un salon qui a
« cinq toises & demie de long sur
« cinq toises de large. Les bandeaux
« des portes & des fenêtres sont de
« marbre jaspé de blanc & rouge.
« Les embrasures des portes, des
« fenêtres, & des lambris qui re-
« gnent tout autour, sont de mar-
« bre blanc remply par comparti-
« mens de marbre rouge & blanc,
« d'un autre marbre verdâtre qu'on
« nomme de Campan & qui vient des
« Pyrenées, & d'un marbre blanc
« & noir.

« La seconde, qui est la salle des
« Gardes, a les bandeaux de ses por-
« tes & de ses fenêtres d'un marbre
« qui vient de Bourbonnois, qui est
« mêlé de rouge, de blanc, de noir

» & de jaune. Les embrasures & les
» lambris sont de pieces de raport
» de même marbre, & de petite brè-
» che sur un fond blanc.

» La troisiéme, est une anticham-
» bre. Le marbre dont sont faits les
» bandeaux des fenêtres & des por-
» tes, est de celuy qu'on nomme
» bréche. Les lambris & les embra-
» sures sont aussi de raport du même
» marbre, & d'un autre de cou-
» leur verte qui est sur un marbre
» blanc.

» La quatriéme, est une chambre
» ornée dans ses portes & dans ses
» fenêtres de marbre vert, brun &
» rouge, avec des taches & veines
» d'un vert de la couleur des éme-
» raudes. Les Ouvriers l'apellent
» vert d'Egypte, quoy qu'il soit aussi
» tiré des Pyrenées. Les lambris
» & embrasures sont de marbre
» blanc, remply par compartimens
» d'un autre marbre d'Egypte, mais
» plus rougeâtre, d'un autre marbre
» noir & blanc, & d'un beau mar-
» bre d'agathe qui vient de Serenco-
» lin & du côté des Pyrenées.

» La cinquiéme, qui est le grand
» cabinet, est de même grandeur
que

que la chambre. Les bandeaux de «
ses portes & de ses fenêtres sont «
de marbre noir avec des veines «
jaunes. On le nomme *Portoro*, «
& vient aussi des Pyrenées. Les «
lambris & embrasures sont de ra- «
port du même marbre de celuy «
qu'on nomme d'Egypte & de ce- «
luy de Serancolin, sur un marbre «
blanc. «

La sixiéme, est la petite cham- «
bre à coucher. Tout le marbre «
dont elle est ornée est de couleur «
de feu, avec des veines blanches, «
& se nomme marbre rouge de «
Languedoc. «

La septiéme, est le petit cabinet «
qui a ses issuës sur la grande ter- «
rasse pavée de marbre dont il a esté «
parlé cy-devant. Les chambranles «
des portes & des fenêtres sont de «
marbre vert & rouge avec des «
veines blanches, qu'on apelle de «
Campan. Les embrasures & les «
lambris sont de même marbre de «
celuy de Languedoc & de celuy «
qu'on nomme d'Egypte, raportez «
par differens compartimens sur un «
marbre blanc. «

Toutes ces pieces sont parquetées «

E

» de menuiserie, & les portes doi-
» vent être de bronze doré travaillé
» à jour. Les plafonds doivent être
» enrichis de peintures par les meil-
» leurs Peintres de l'Academie
» Royale. Et comme le Soleil est la
» devise du Roy, l'on a pris les sept
» Planettes pour servir de sujet aux
» Tableaux des sept pieces de cet
» apartement ; desorte que dans cha-
» cune on y doit représenter les
» actions des Héros de l'antiquité,
» qui auront raport à chacune des
» Planettes & aux actions de Sa
» Majesté. On en voit les figures
» symboliques dans les ornemens de
» sculpture qu'on a faits aux corni-
» ches & dans les plafonds.
»   De l'autre côté qui regarde
» l'Orangerie, est un logement sem-
» blable à celuy dont je viens de
» parler. L'escalier n'est pas si grand
» que celuy du Roy, parce que la
» Chapelle qui est tout proche oc-
» cupe une partie de la place. L'a-
» partement d'en bas sert à loger
» Monseigneur le Dauphin, il est
» aussi orné de différens Tableaux
» dans les plafonds.
»   L'apartement qui est audessus

de Versailles.

est le logement de la Reine, composé d'un pareil nombre de chambres que celuy du Roy. Elles sont toutes revêtuës des mêmes sortes de marbres, mais raportez & mis les uns dans les autres de différentes manières; les Peintures qui orneront les plafonds doivent aussi représenter les actions des Heroïnes de l'antiquité avec raport aux sept Planettes.

Entre tous les apartemens dont nous venons de raporter l'ancienne description, il n'y a que l'apartement des Bains occupé par Mr le Duc du Maine, où l'on n'ait pas fait d'embellissemens nouveaux. Il est vray même que les plafonds ayant la plûpart esté rétablis, il ne reste plus aucune des Peintures qu'on y voyoit autrefois, si ce n'est dans quelques lambris du vestibule dont la porte est toûjours vis-à-vis d'une des portes de la Chapelle sous un grand passage qui donne entrée dans les jardins. Un passage semblable pour aller aux jardins par l'autre côté de la grande cour, vers l'Occident une des principales portes de l'apartement de Monseigneur depuis L'aparte-

ment de Monseigneur.

que cet apartement, qui n'a pas à présent moins d'étenduë que l'apartement des Bains, a été augmenté. C'est chez Monseigneur, que dans les deux grands cabinets de son apartement l'on voit un amas exquis de tout ce que l'on peut souhaiter de plus rare & de plus précieux non seulement pour les meubles necessaires, pour les tables, les cabinets, les porcelaines, les lustres, & les girandoles; mais encore pour les Tableaux des plus excellents Maîtres, pour les Bronzes, pour les Vases d'agathe, pour les Camayeux, & pour d'autres ouvrages & bijoux faits des métaux les plus précieux & des plus belles pierres Orientales. Le plus grand de ces riches cabinets occupe à présent la place de trois pièces qui estoient autrefois proche de la chambre du lit. Mignart le Romain a peint le plafond du cabinet où il a representé le portrait de Monseigneur. Et le troisième cabinet, qui a une issuë dans la galerie basse du milieu du château, a comme nous avons dit, de tous côtez & dans le plafond des glaces de miroirs avec des compartimens de bordures dorées sur un fond de marqueterie d'ébéne. Le parquet est aussi fait de bois de raport & embelli de divers ornemens, entr'autres des chiffres de Monseigneur & de Madame la Dauphine.

Aux côtez de la petite cour pavée de marbre du milieu du château, & aux côtez de la grande cour par où l'on a été voir les grands apartemens bas, il y a huit escaliers outre ceux des quatre petites cours voisines. La plûpart des uns & des autres servent à dégager les grands apartemens hauts, & à monter à quantité d'autres apartemens que les principaux Officiers de la Maison du Roy, obligez par leurs Charges d'être proche de la Personne de Sa Majesté occupent, tant dans les logemens qui sont aux côtez des grands apartemens, que dans les attiques & proche des combles du vieux & du nouveau Château. Les deux escaliers les plus considérables servent pour monter aux apartemens du Roy. Ils sont enrichis de marbre & situez aux côtez de la grande cour proche des passages où l'apartement des Bains & l'apartement de Monseigneur ont leurs principales entrées.

Le petit escalier de marbre. Le moins grand de ces deux escaliers, appellé le petit escalier de marbre, est auprés de ce dernier apartement où l'on entre même d'ordinaire par une porte qui est proche de la rampe de cet escalier. Il n'y en a pas de plus frequenté & qu'on connoisse davantage dans Versailles. Trois arcades donnent d'abord entrée par la grande cour dans un vestibule fait en forme d'une double galerie voûtée de pierre, & pavée de carreaux de marbre blanc & de marbre noir. C'est delà qu'on va à l'escalier proche duquel une des portes de l'apartement de Monseigneur est ouverte vers le Midy. Une autre porte vers l'Occident donne entrée dans la petite cour qui est environnée de ce côté des bâtiments du vieux & du nouveau château, & partagée par un coridor orné de colonnes. Tout l'escalier est pavé de marbre. Les apuis des rampes & des paliers sont de marbre noir avec des balustres, & les quatre faces des murs aux côtez des rampes, & jusqu'au dernier palier sont revêtuës de compartimens de marbre de différentes couleurs. Un grand ordre de pilastres ioniques orne le haut de l'escalier. Les pilastres sont faits de marbre de Dinan & incrustez avec leurs bases & leurs chapiteaux dorez sur un fond de marbre blanc veiné de noir. Trois ouvertures de fenêtres aussi revêtuës de marbre occupent les intervales de la face du bout vers l'Occident. Des pilastres accouplez dans les faces des côtez vers le Midy & vers le Septentrion forment aussi en chacune de ces faces trois intervales, dont le plus grand qui est celuy du milieu, & un autre vers le côté des fenêtres, sont ornez de peintures. Elles représentent des perspectives où l'on voit dans le lointain à travers une colonnade feinte, les arbres d'un grand jardin, & sur le devant proche d'une balustrade plusieurs gens des livrées du Roy peints au naturel, & qui semblent aporter de grands bassins remplis de fleurs & de fruits. Le troisiéme intervale a dans la face vers le Midy une porte qui du grand palier par le

E iiij

bout le plus proche du haut de la derniere rampe conduit à l'apartement de la Reine, occupé par Madame la Duchesse de Bourgogne. Et dans la face vers le Septentrion à l'autre bout du même palier, il y a une semblable porte qui donne entrée dans les apartemens du Roy. Deux autres portes proche des précédentes servent à l'autre bout de l'escalier vers l'Orient à entrer dans la grande salle des Gardes la plus proche de l'apartement de la Reine. C'est en traversant un petit passage qui est au bout de cette salle qu'on peut aller par une autre grande salle à un petit apartement de jour de Monseigr le Duc de Bourgogne, & par la même salle à un grand escalier de pierre par où l'on va aux apartemens de Monsieur, de Madame, de Mr le Duc de Chartres & de Madame la Duchesse de Chartres, qui comme nous avons déja dit, sont de plein pied avec ceux du Roy. Ils occupent du côté des jardins toute l'étenduë de la grande aîle que le château a de ce côté; & ils sont tous embellis de

L'apartement de jour de Monseigr le Duc de Bourgogne.

de Versailles.

niches ornemens, & meublez avec beaucoup de magnificence & de somptuosité.

Les portes du petit escalier de marbre sont enrichies de divers ornemens de sculpture dorée. Il y a entre les deux portes du bout vers l'Orient dans un chambranle de marbre semblable à ceux des portes, une niche toute revêtuë de marbre, où l'on a placé deux figures d'Amours & un Trophée. Les Amours avec leurs carquois & avec leurs mains élevent un bouclier, où les noms en chiffres du Roy & de la Reine entrelassez de branches d'olivier sous une couronne de France, sont environnez d'une couronne de laurier & accompagnez en haut de deux flambeaux allumez, avec une couronne de rose qui termine cette sorte de groupe. Tout l'entablement du haut de l'escalier audessus des pilastres ioniques est aussi enrichi de quantité d'ornemens de sculpture, où l'on a encore placé les chiffres du Roy & de la Reine.

Tâchons à présent par une description la plus sommaire qu'il nous

Le premier apartement du Roy.

sera possible de faire connoître l'état où les apartemens du Roy & les autres apartemens hauts du vieux & du nouveau château sont aujourd'huy. Le premier apartement du Roy, où l'on entre comme nous avons dit par le petit escalier de marbre, du côté du Septentrion, a vûë sur la petite cour pavée de marbre qu'il environne de trois côtez. Un vestibule que l'on trouve d'abord proche du petit escalier, sert vers l'Orient à donner passage à un apartement particulier qu'occupe Madame la Marquise de Maintenon dans une des aîles de la grande cour, & vers l'Occident à entrer par une salle des Gardes dans une grande antichambre, où l'on sert le Roy quand il mange en public. Cette antichambre ornée de quantité de Tableaux tres-bien peints, où l'on a représenté des batailles, a depuis

L'apartement de nuit de Monseigr le Duc de Bourgogne.

peu vers le Midy une porte par où l'on entre dans un petit apartement de nuit de Monseigr le Duc de Bourgogne que l'on a construit de nouveau audessus du coridor qui traverse en bas le milieu de la petite cour la plus proche de l'apartement de Monseigneur. Mais pour aller par la grande antichambre du Roy dans l'apartement de Sa Majesté, on entre vers l'Occident dans la chambre des Bassans, ainsi appellée à cause qu'il y a plusieurs Tableaux de ces anciens Maîtres audessus des portes & dans les lambris; car le tableau de la cheminée qui représente J. C. lorsqu'il apparut à la Madelaine sous la figure d'un Jardinier est de Lambert Zustrus. Cette chambre a trois portes, outre celle de la grande antichambre par où l'on est entré. Une porte au Midy conduit à un escalier de dégagement par où Monseigneur monte de son apartement à celuy du Roy. Une autre porte à l'Occident conduit dans la grande galerie haute du nouveau château du côté des jardins: Et la troisiéme porte au Septentrion est celle par où il faut passer dans la suite du premier apartement du Roy, & premierement dans la chambre où couche Sa Majesté. Des pilastres dorez d'ordre corinthien ornent les lambris. Il y a des glaces de miroir audessus de la cheminée, un grand tremeau de gla-

Suite du premier apartement du Roy.

ces vis-à-vis dans le côté opposé, deux autres tremeaux semblables entre les fenêtres vers l'Orient : & le côté vers l'Occident où le lit du Roy est adossé audedans de la balustrade, est couvert d'une tenture de velours rouge en Hiver ou de brocard d'or & d'argent à fleurs en Eté. Le lit les sieges & les portieres sont aussi de brocard ou de velours selon les différentes saisons. Quatre tableaux qui représentent les neuf Muses, avec quelques Amours ou Genies ornent le dessus des portes, dont celles des côtez de la cheminée donnent entrée vers le Septentrion dans un grand salon quarré situé au milieu de l'ancien château sur le vestibule pavé & lambrissé de marbre qu'on a remarqué en bas.

Ce salon plus exhaussé qu'aucune autre piece du premier apartement du Roy occupe, outre la hauteur entiére de l'étage où il est, toute celle de l'attique qui est audessus, & une partie de la hauteur du comble dont la voûte du même salon est couverte en forme de pavillon. Il a environ trente pieds de chaque côté.

de Versailles.

Dans son lambris dont tous les ornemens sont dorez on voit seize grands pilastres d'ordre composite. Il y en a huit proche des angles, & les huit autres placez de distance en distance dans les quatre faces, y forment avec ceux des angles douze intervales presque égaux. Des fenêtres du côté de l'Orient & de grandes portes qui servent du côté de l'Occident à entrer dans la grande galerie haute, dont il a esté parlé, & qui occupe la place de la terrasse mentionnée dans l'ancienne description, remplissent six de ces intervales : & des six autres intervales du côté du Midy & du côté du Septentrion, quatre sont occupez par des portes au-dessus desquelles des tableaux représentent l'un le portrait de Vandeix peint par luy-même, un autre le portrait du Marquis d'A*** peint aussi par Vandeix ; le troisième est un Saint Jean-Baptiste de Michel Ange de Caravage, & le quatrième une Sainte Madelaine de Guide. Le grand tableau de Sainte Cecile du Dominiquin est audessus de la cheminée dans l'intervale du milieu du côté du Midy, & le grand tableau de David joüant de la harpe du même Peintre est placé vis-à-vis vers le Septentrion.

Un attique qui répond dans le salon à l'attique de dehors est partagé en autant d'intervales que le grand ordre inferieur. Trois fenêtres y sont ouvertes à la face du côté de la cour, & les neuf intervales des trois autres faces sont ornez de tableaux d'anciens Maîtres, entre lesquels il y a le tableau d'Agar dans le desert de Lanfranc, celuy de Sainte Catherine qui épouse l'enfant Jesus entre les bras de la VIERGE d'Alexandre Veronese: six autres tableaux sont du Valentin; sçavoir ceux des quatre Evangelistes, un où les Pharisiens présentent à J. C. une pièce de monnoye de Cesar; & un tableau de Boëmiens. Le neuviéme tableau fait par Manfrede représente des jeunes gens qui boivent & qui joüent.

Ensuite du salon on trouve une autre piéce apellée la chambre du Conseil. Elle est toute revêtuë de glaces de miroir audessus & aux côtez de la cheminée, dans la face vis-à-vis entre les chambranles des portes, du côté de l'Orient contre les tremeaux des fenêtres; & du côté de l'Occident où il y a des chambranles remplis aussi de glaces, pour faire simetrie avec les fenêtres. Quantité de consoles de bronze doré attachées sur les glaces sont chargées de vases faits d'agathe, de prime d'émeraude & d'autres pierres précieuses: & il y a sur les portes quatre tableaux représentans, l'un le jeune Pyrrhus qu'on porte à Megare pour le sauver, le deuxiéme une Bacchanale, le troisiéme l'Aveugle né du Poussin de même que les deux tableaux précédens, & le quatriéme Saint Pierre & Saint Paul qu'on sépare hors des murs de Rome pour les faire mourir, peint par Lanfranc.

Mais combien d'autres ouvrages excellens des plus celebres Peintres ne voit-on point dans les cabinets du même apartement & dans une petite galerie accompagnée de deux salons qui le termine ? On ne peut aussi exprimer les meubles somptueux & les richesses presqu'infinies qui les remplissent; car sans parler des marbres antiques, des bronzes, des médailles modernes d'or & d'argent, des médailles antiques de tous métaux; c'est-là que l'on voit plus de vases précieux d'agathe, d'heliotropes, de cornalines, d'émeraudes & d'autres pierres d'Orient, des camayeux d'un travail plus exquis, & en plus grande quantité qu'il n'y en a dans tout le reste de l'Europe: ainsi l'on peut penser de quelle richesse sont tous les autres meubles, & avec quel art & quelle magnificence ces différents lieux qu'il reste à parcourir dans le premier apartement du Roy; & qui sont tous boisez de même que ceux qu'on a déja considérez dans cet apartement, ont esté embellis de dorures & de sculptures propres à renfermer plus précieusement les glaces de miroir & les tableaux qu'on y a placez de toutes parts.

Le premier des cabinets du Roy est entierement revêtu de glaces dans les trumeaux, entre les portes & les fenêtres; & il y a de tous côtez sur des consoles dorées des vases & d'autres ouvrages encore plus précieux que ceux qu'on a vûs dans la chambre du Conseil. On le nomme le cabinet des Thermes, parce que vingt
figures

de Versailles. 67

figures de jeunes enfans en forme de thermes, qui soûtiennent des festons dorez, ornent une maniere d'attique élevé audessus de la corniche dans le même cabinet. Il reçoit son jour vers le Septentrion par la petite cour de l'apartement des Bains. Le second cabinet qui a vûë vers le Septentrion sur la même cour, & vers le Midy sur la petite cour pavée de marbre, est orné de tableaux de tous côtez. Il y a dans quatre bordures rondes audessus des portes, la Samaritaine de Guide, la Sainte Catherine qui épouse l'enfant Jesus du Parmesan, les Païsans métamorphosez en grenoüilles de l'Albane, & Adam & Eve chassez du Paradis terrestre peints aussi par l'Albane. Audessus de la cheminée qui est vers l'Occident proche de la porte du cabinet des Thermes, on voit le tableau où le Brun a peint J. C. qu'on attache sur la Croix; & un autre tableau où Mignard le Romain a peint J. C. portant sa Croix est placé vis-à-vis. Deux tableaux du Poussin, l'un des serviteurs d'Abraham qui offre des joyaux à Rebecca, & l'autre du petit Moïse sauvé, sont vis-à-vis l'un de l'autre proche des fenêtres, & deux tableaux de le Brun placez devant les tremeaux des mêmes fenêtres, représentent, l'un vers le Septentrion, les filles de Jetrho deffenduës par Moïse; & l'autre vers le Midy, le mariage du même Moïse. Ce cabinet est apellé le cabinet de Billard, parce qu'en effet il y en a un placé au milieu.

La piece suivante sert comme de vestibule à un escalier par où le Roy descend de son apartement pour sortir du château. Cette piece ou vestibule est aussi enrichie d'excellens tableaux, la plûpart du Poussin; car c'est de luy le tableau de Moïse qui foule aux pieds la couronne de Pharaon, un autre où la Verge de Moïse changée en serpent, dévore celles des Magiciens de Pharaon qui avoient esté changées de même; un grand tableau de la Manne, & un autre de la Peste placez vis-à-vis l'un de l'autre avec deux petits tableaux du Mole audessus. Une Nativité peinte par Annibal Carache, & plus haut un Saint Bruno du Mole occupent ensemble le tremeau d'entre les deux fenêtres vis-à-vis desquelles deux portes ont encore deux tableaux du Poussin, & dans le tremeau entre les chambranles le tableau du ravissement de Saint Paul du même Peintre surmonté d'un tableau rond représentant Venus & l'Amour chez Vulcain.

Les deux derniers cabinets dont les lambris sont entierement dorez, & enrichis de glaces & de quantité de tableaux de toutes grandeurs de même qu'il y en a dans cette galerie & dans les deux salons où l'on change & renouvelle souvent ces tableaux, afin que le Roy puisse joüir de la vûë d'un plus grand nombre de ces rares ouvrages, & principalement d'une tres-grande quantité des plus excellens qui sont sortis des mains de Raphaël, du Corege, du Georgeon, de Jule Romain, du Titien, des Caraches & de tous les meilleurs Maîtres d'Italie, tant des Peintres Lombards que des Romains & des Florentins ; tous ces lieux, dis-je, demanderoient une description plus étenduë : mais les bornes qu'on s'est prescrit ici obligent de remettre à parler plus particulierement ailleurs de tant d'excellens ouvrages

E ij

qu'ils contiennent, ainsi que des médailles, des bronzes, des agathes, des camayeux & de tout ce qu'il y a de meubles & de bijoux recommandables par l'excellence du travail, encore plus que par le prix de la matiere. Je ne crois pas cependant devoir décrire ailleurs qu'ici les peintures dont Mignard le Romain a embelli toute la voûte des salons & de la petite galerie qui termine avec eux le premier ou petit apartement du Roy. Voicy mesme une description assez étenduë de ces peintures, qu'on en fit incontinent aprés qu'elles furent achevées, & dont on n'a pas jugé à propos de retrancher beaucoup de choses.

La petite galerie. La petite galerie peinte à Versailles par Mignard est dans l'aile droite du château à côté du grand escalier. Il y a deux salons aux deux bouts. L'un joint les cabinets de l'apartement du Roy, & l'autre a vûë sur la grande cour & regarde l'Orient. Ces trois pieces sont encore éclairées par plusieurs fenêtres du côté du Midy. La voûte de la galerie est peinte en marbre de differentes couleurs. Deux bandes riches ment ornées partagent sa longeur en trois espaces inégaux. L'on a feint dans celuy du milieu une grande ouverture qui comprend presque toute la largeur de la voûte, & dans les deux autres il y a aussi des ouvertures feintes, mais d'une moindre grandeur. Une Architecture où la perspective est observée fait paroître la voûte plus vaste & plus élevée qu'elle n'est en effet. Il y a de l'or répandu par tout, mais avec discretion, plûtôt pour accompagner l'ouvrage que pour l'enrichir: & l'on voit parmy les marbres & les métaux toutes sortes de fleurs.

Le Peintre a crû que cette galerie étant destinée à mettre ce que le Roy a de rare & de curieux dans les plus beaux ouvrages de l'art, il devoit inventer quelque chose de nouveau qui convint aux arts & aux sciences. Au milieu de la voûte à travers d'une ouverture, on voit Minerve & Appollon assis sur des nuages. Un jeune Enfant presque nud & debout entre ces deux Divinitez représente le genie de la France. Il tient d'une main un lis, & il s'apuie de l'autre main sur les genoux de Minerve,

Un manteau bleu luy couvre les épaules. Minerve est peinte avec un air noble & serieux & marque assez qu'elle a de l'amour & du respect pour le jeune Enfant qui est auprés d'elle. Elle luy met une couronne de laurier sur la tête, & elle tient dans l'autre main une branche d'olivier.

Audessous d'Apollon & de Minerve plusieurs enfans ont auprés d'eux divers Instrumens propres aux Sciences & aux Arts dont ils représentent les différens Génies. Apollon leur distribuë des Médailles & d'autres piéces d'or : Et pour joindre à ces liberalitez d'autres marques d'honneur, Minerve leur fait donner des couronnes de laurier. Il y a un jeune Enfant qui tend les mains pour recevoir celle qu'un autre Enfant qui vole, & qui semble descendre en bas luy présente ; pendant qu'un troisième dans une action toute oposée paroist sortir de la galerie & s'élever vers celuy qui descend. Ces Enfans ont des aîles au dos. Une partie sont nuds, & les autres vêtus légérement ; mais tous sont dignes d'être considérez tant par leurs différens airs de tê-

que par les attitudes naturelles & ingénieuses que le Peintre leur a données, faisant voir dans leurs actions & sur leurs visages des expressions agréables & conformes à leur âge, & au plaisir qu'ils ressentent.

Auprès d'Apollon & sur le devant d'un nuage l'on a représenté l'Abondance par une femme qui tient une corne remplie de diverses sortes de fruits. On ne la voit que par derrière. Pluton est un peu plus éloigné. Deux hommes forts & robustes l'accompagnent & portent un vase & une cassette remplie de richesses qu'il vient offrir au Génie de la France. Dans une plus haute partie de l'air on aperçoit plusieurs autres figures de femmes assises sur de légers nuages. Ce sont les Heures du jour qui ont aussi des aîles, & qui jettent toutes sortes de fleurs. On voit sur leurs visages & dans toutes leurs actions la joye & le plaisir qu'elles ressentent. Par l'ouverture qui est à côté de celle dont on vient de parler un nuage épais & étendu semble descendre jusque dans la galerie. Sur ce nuage une femme qui a l'air grand & noble, & dont les cheveux bruns sont couverts d'une guirlande de fleurs, tient d'une main un œil environné de rayons de lumière, & de l'autre une baguette. A côté de cette femme est un globe & un amas de diverses armes antiques & modernes. C'est la Prévoyance qu'on a voulu représenter par cette figure. Auprès d'elle est un jeune homme qui tient un cachet sur sa bouche pour figurer le secret, & tout proche sont deux Enfans dont l'un tient une gerbe de bled. La Vigilance désignée dans l'autre tableau à côté de celui du milieu pour accompagner la Prévoyance, tient de la main droite un livre, & de la gauche une lampe. Elle regarde le Génie de la France. Mercure est un peu plus bas que la Vigilance. Il semble voler suivi d'un jeune Enfant qui tient une Horloge de sable.

Audessus de la corniche qui regne autour de la galerie, il y a dans la voûte six ouvertures feintes en forme de lunettes, une à chaque bout & deux à chacun des côtez. Dans celle qui est sous la Prévoyance est trois enfans de différentes beautez. L'un est une jeune fille qui s'élève en l'air. Elle est couronnée de laurier, & tient une trompette. C'est la Poësie qui chante, & qui en s'élevant regarde les deux autres enfans qui sont assis & qui écrivent ce qu'elle chante. Il y a plusieurs livres autour d'eux, qui sont les Poëmes d'Homere, de Virgile & du Tasse. Dans la lunette sous la Vigilance trois Enfans font un concert de Musique. L'un est debout & tient une lyre; l'autre un luth; & la troisiéme un livre. Il y a auprés d'eux des muzettes, des violons & des hauts-bois. Dans les deux lunettes du côté de la cheminée, on voit en l'une un jeune Enfant parfaitement beau. Il est assis sur une espece de trône couvert d'un rideau de velours rouge qui forme comme un dais. Il a un carquois derriere le dos; & de la main droite il s'apuïe sur un arc avec une contenance grave & un air plein de majesté. C'est l'amour que deux Enfans considérent l'un pour le dessiner & l'autre pour le peindre sur une toile.

 Dans l'autre ouverture du même côté il y a deux Enfans qui repré-

G

sentent l'Astrologie. L'un tient un compas & prend des mesures sur un globe celeste, & l'autre tient une lunette de longue vûë. Un grand rideau de velours rouge est derriere eux & leur sert de fond pour leur donner plus de force & cacher une partie de l'ouverture. De l'autre côté de la galerie & à l'oposite de cette lunette, on a voulu figurer la Géométrie aussi par deux Enfans qui ont auprés d'eux une sphére, & qui s'occupent avec des instrumens de Mathematiques. Les Génies de la Sculpture sont dans l'ouverture qui est à côté de la précédente. L'un tient un compas avec lequel il mesure un buste, & l'autre travaille à ébaucher une tête.

Pour orner davantage l'Architecture de cette galerie, on a mis sur la corniche huit figures de bronze, grandes comme nature, sçavoir quatre dans les angles de la voûte & deux à côté de deux cartouches qui sont vis-à-vis l'un de l'autre dans le milieu de la galerie.

La premiere de ces figures dans l'angle du côté des apartemens, & de la cheminée represente la Science. Elle a auprés d'elle une sphére, un compas, des regles & des livres. La seconde qui suit est la Paix qui tient un rameau d'Olivier. La troisiéme que l'on voit avec des balances & des faisceaux Romains représente la Justice. La Vertu héroïque est la quatriéme, elle est couronnée de laurier & tient un livre, ayant auprés d'elle un laurier où plusieurs couronnes sont attachées comme des marques de victoire. Il y a à ses pieds un globe, un casque, des palmes & des branches de laurier. La cinquiéme est la Renommée. Elle est assise sur des boucliers, tenant une trompette & s'apuyant sur un buste; car elle parle des Arts & des Sciences comme des victoires & des grandes actions. L'Histoire est la sixiéme qui écrit ce qui se passe pour en informer la postérité. La Rethorique est la septiéme. Elle tient un sceptre pour marque de son empire sur l'esprit des hommes. La huitiéme est la Perfection qu'on a représentée tenant un compas dont elle trace un cercle Il y a encore en divers endroits de la voûte des Enfans qui tiennent des festons de fleurs. Ce sont les Amours des Arts qui semblent exciter les Génies au travail.

Les deux salons.

Dans le premier des deux salons qui accompagnent cette galerie, l'on a peint ce que les Poëtes ont écrit de Promethée, qui par l'assistance de Minerve monta au Ciel, d'où il aporta le feu si utile & si necessaire à l'usage de la vie, & par le moyen duquel il devint l'Inventeur des Arts.

La voûte de ce salon paroît ouverte; & les figures que l'on voit comme en l'air par cette ouverture feinte sont aisées à connoître. Dans le milieu & au plus haut du ciel le soleil est représenté dans son char tiré par quatre chevaux. Comme il est la source de la lumiere, c'est de luy qu'elle sort, & qu'elle se répand de toutes parts. Il est accompagné des Heures qui le suivent. Elles sont vêtuës d'habits de différentes couleurs qui participent de la lumiére qui les environne. Celle qui tient une Horloge de sable est plus élevée que les autres. Il y en a une beaucoup audessous qui semble s'arrêter, & qui regarde avec étonnement Jupiter assis sur des nuages & tenant un foudre qu'il est prest de lancer. Son visage émû, ses yeux étincelans

& ses cheveux tout droits sont des marques de sa colere. Prométhée qui en est la cause s'enfuit tout épouvanté tenant en sa main un faisceau de cannes qu'il vient d'allumer au feu du char du Soleil. Minerve est au-dessus de luy qui le couvre de son manteau & de son bouclier dont elle se cache aussi elle-même, faisant paroître dans ses yeux de la douleur & de la crainte.

Une femme d'un âge déja avancé, le visage triste, & en action de sup'iante est debout devant Jupiter. Elle tâche d'apaiser sa colere & le retient par le bras. C'est Climene la mere de Promethée. Jupiter sans tourner ses regards sur elle luy montre son fils, que Minerve dérobe à sa vangeance ; & semble luy marquer de la main avec quelle témerité il emporte le feu du Ciel. On voit audessous de Jupiter un jeune homme tres-beau qui tient une coupe d'or, & qui a plusieurs vases autour de luy. C'est Ganimede. L'Aurore aussi jeune que belle est proche de Climene & tient un vase d'où sortent de la rosée & diverses fleurs mêlées ensemble. Un peu plus bas sont deux petits Zephirs qui souflent de toute leur force, comme pour éloigner par leurs haleines le nuage qui porte Minerve & Promethée.

Mercure est derriere Jupiter en état de partir pour executer ses ordres. D'un autre côté & audessus de la fenêtre d'où le salon reçoit son jour, on voit la Déesse Flore qui toute épouvantée fuit à la vûë de deux Satyres qu'elle aperçoit. Deux petits Amours l'accompagnent. L'un soûtient son manteau, & l'autre porte une Corbeille pleine de fleurs.

Le Peintre supposant que dans ce même endroit il pourroit y avoir un jardin ou un bois, a fait paroître des arbres qui s'élevent au delà du salon plus haut que la corniche, & qui font un tres-bel effet. C'est sur les branches de ces arbres qu'on voit un des Satyres dont le corps & les traits du visage sont aussi grossiers & desagréables que ceux de la Déesse Flore sont délicats & charmans. Il tend la main à cette Déesse, comme s'il vouloit aller auprés d'elle. L'autre Satyre tâche aussi de s'en approcher : Et en divers endroits de la corniche qui termine le haut du salon, il y a de jeunes Enfans occupez à parer ce lieu de riches tapis, & de festons, de fruits & de fleurs. On en remarque deux qui paroissent plus surpris & plus épouvantez que les autres en regardant Prométhée.

L'Architecture feinte au-dessus de la corniche du second salon est différente de celle du premier & de celle de la galerie, tant par les marbres dont elle semble construite que par les ornemens qui l'enrichissent. Un sujet tout nouveau & traité d'une maniere singuliere est peint dans la voûte. Jupiter aprés l'action de Prométhée commanda à Vulcain de faire une statuë de femme la plus parfaite qu'il pourroit, & ensuite de l'animer de ce même feu que Prométhée avoit aporté du ciel; ce que Vulcain executa avec tant de bonheur que Jupiter fut surpris quand il vit cet ouvrage. Il assembla toutes les Divinitez, qui l'admirerent: & pour le rendre accompli & en faire un chef-d'œuvre parfait, il ordonna qu'elles luy feroient part de ce qu'elles auroient de plus exquis. Vénus luy donna la beauté

Minerve la sagesse, Mercure l'éloquence, & ainsi toutes les autres Déïtez l'enrichirent de quelque grace particuliere, ce qui fit donner à cette belle femme le nom de Pandore. C'est ce qu'on voit représenté dans la voûte du deuxième salon d'une maniére aussi ingénieuse que sçavante, mais bien différente du salon de Promethée : car dans le premier salon tout y paroît terrible, & dans un mouvement extraordinaire ; & dans le second tout est tranquille & dans un ordre merveilleux. Audessus de la fenêtre du bout est un gros nuage qui semble descendre du ciel sur la corniche. Une belle fille d'environ quinze ans pourvûë de tous les avantages de la jeunesse paroît sur ce nuage. Elle est assise sur un siege à l'antique. Sa taille bien proportionnée, la blancheur de sa chair, & les traits de son visage sont d'une beauté parfaite. Elle a les cheveux blonds, les yeux baissez, l'air modeste & la contenance sage & posée. Une partie de son corps est couverte d'une draperie qui luy tombe de dessus le bras & luy cache la cuisse. Vulcain est der-

de Versailles.

bière dont la couleur de la chair rouge & basannée, la mine & les vêtemens rustiques & grossiers font beaucoup paroître la blancheur & la délicatesse de cette belle & jeune fille. Il tire un grand manteau de pourpre pour faire remarquer les beautez de son ouvrage qu'il expose avec plaisir aux yeux de toutes les Divinitez.

Le ciel est pur & serein, & la lumière universelle causée seulement par les reflais de celle du soleil éclaire tous les objets d'un jour doux & égal. Sur un groupe de nuages on voit Jupiter entre Junon & Vénus qui regardent Pandore avec une égale aplication, mais avec des sentimens différens. Jupiter ravi de ce que Vulcain a si heureusement réussi en témoigne de la joye. S'il paroît sur le visage de Junon des marques d'admiration, on y connoît en même temps un certain air chagrin, comme si elle estoit jalouse du trop grand plaisir que Jupiter ressent. Quoique Vénus ait contribué à perfectionner l'ouvrage de Vulcain, elle semble néanmoins étonnée de voir une nouvelle beauté qui surpasse ou égale la sienne. Ces trois figures sont peintes avec beaucoup de force & des caracteres de grandeur convenables à des Divinitez. L'Amour est auprés de sa mere apuyé sur ses genoux, il regarde Pandore avec étonnement, & à voir ses yeux si fixement attachez sur elle, on diroit qu'il examine toutes ses beautez, & qu'il en fait comparaison avec celles de Vénus. Tout ce groupe est accompagné de petits Amours & de Zéphirs qui aportent à la belle Pandore les présens des Dieux, & qui l'environnent de parfums. Les branches d'olivier & la couronne qui est à ses pieds sont des dons de Minerve & de Junon : les chaînes d'or, & les autres richesses viennent de Jupiter : Et la conque de nacre, les perles, & le corail luy sont offerts par Neptune.

Sur la même ligne & dans le tournant de la voûte, Mars est assis armé de sa cuirasse & couvert de son casque. Il a le visage noble & guerrier. Il paroît surpris & charmé de voir une si belle personne. Il est accompagné de plusieurs Déesses qui comme luy regardent Pandore avec admiration. L'une est Cerés vêtuë

de Versailles.

de jaune & couronnée d'épics de bled. Celle qui a une guirlande de fleurs, & qui tient des festons est la Déesse Flore. La troisiéme est Ariane qui sur sa tête a une couronne d'étoiles. Plus loin entre Mars & Vénus, on aperçoit Diane avec deux de ses compagnes vêtuës d'habits legers & de couleurs changeantes. Bien qu'elles soient fort éloignées on ne laisse pas de bien remarquer qu'elles regardent Pandore, & prennent plaisir à la considérer.

Suivant le tour de la voûte de l'autre côté de la cour on voit sur la corniche de l'attique un Faune & une Baccante qui semblent y être venus pour voir ce qui se passe & regarder de quelle sorte les Dieux reçoivent ce que Vulcain vient d'achever. La Baccante est assise sur la corniche & le Faune est en disposition d'y vouloir monter pour luy tenir compagnie. L'un & l'autre ont la tête couverte de feüilles de lierre & un air fort enjoüé & riant. Si le Faune a quelque chose de rustique & de farouche dans les traits de son visage, la Baccante a beaucoup de douceur & d'agrémens : Ses cheveux bruns & épars sur ses épaules tombent avec beaucoup de grace sur son col. Elle n'est vêtuë que d'une chemise tres fine, & qui étant ouverte au droit de l'estomach laisse paroître sa gorge, & une partie de son corps qui fait juger de la beauté du reste. Une peau de tigre luy sert de ceinture, & son manteau sur lequel elle est assise est d'un velours rouge dont la couleur vive sert à relever la blancheur de sa chair. D'une main elle tient une grape de raisin, & se panchant vers le Faune pour luy parler, elle luy montre de l'autre main, comme Pandore attire sur elle les regards & les faveurs de toutes les Divinitez.

A côté de la Baccante on voit plusieurs branches de vigne chargées de grapes de raisin qui viennent d'un cep qui semble naître du côté de la cour, & qui passant par dessus la corniche retombent dans le salon; ce qui sert à remplir une place qui seroit trop vuide, & à marquer mieux l'éloignement qui paroît derriére. Car dans cette partie de la voûte du côté de la cour, il y a au delà de la corniche une montagne dont la cime couverte de neige s'éleve jusqu'aux nuës & jette des flâmes au milieu d'une épaisse fumée. C'est le mont Æthna, au pied duquel on aperçoit la forge de Vulcain, & quelques Cyclopes haves & brûlez qui paroissent à l'entrée, comme s'ils venoient observer le jugement & l'estime que l'on fait de leur ouvrage. Bien que cette demeure semble affreuse, & cette montagne terrible dans son sommet escarpé, elle devient néanmoins agréable & délicieuse à mesure qu'elle s'élargit en bas : car elle se termine & s'étend doucement dans la plaine qui forme un païsage d'une grande beauté. Il y a des colines & des côteaux dont une partie sont couverts d'arbres verdoyans ; & des pâturages où dans l'éloignement on aperçoit des Bergers & des Bergeres assis sur l'herbe qui gardent leurs troupeaux.

Pour finir le tour de la voûte & rejoindre la figure de Vulcain qui est derriére celle de Pandore, on voit plusieurs enfans agréables par leurs différentes attitudes, par leurs beaux airs de têtes & par les expressions naturelles de joye & de plaisir qui paroissent sur leurs visages. Il y en a un qui présente des épics de bled avec des couronnes de myrthe & de roses. Un autre qui est sur la corniche tient une cassolette & y jette des parfums dont la fumée s'éleve vers la belle Pandore. Audessus de cette belle personne & de Vulcain paroissent les trois Graces sur des nuages & dans des attitudes différentes. L'une porte une corbeille pleine de fleurs, & les deux autres répandent de ces fleurs sur Pandore. Enfin tout au haut du dôme où le Ciel semble s'ouvrir il sort une splendeur qui éclaire tout le sujet. Et c'est là que l'on voit une assemblée de plusieurs Divinitez, qui bien que diminuées de force & de couleurs pour paroître plus éloignées de la vûë ne laissent pas de se distinguer, ensorte qu'on reconnoît parmi elles Saturne, Cybelle & Pluton.

Il y a une porte pour passer de ce Salon par l'un des palliers du haut d'un grand escalier de marbre dans le château neuf à un grand apartement qui est celuy où le Roy donne ses Audiences publiques aux Ambassadeurs, & où l'on conduit d'abord

de Versailles. 87

les Etrangers pour leur faire voir les apartemens hauts avec plus d'ordre. Tout merite ici une description particuliere, & l'escalier même est d'une magnificence qu'on ne peut assez exprimer.

Dans la grande cour du château du côté du Septentrion, & vis-à-vis le petit escalier de marbre, il y a trois arcades par où l'on passe à un vestibule qui est sous la petite galerie. Delà en montant trois marches, on se trouve au pied du grand Escalier. L'espace qu'il occupe est large de trente pieds & long de soixante & dix-huit. Aux deux bouts sont compris deux passages qui communiquent à l'apartement des Bains : & dans le milieu est un perron d'onze marches coupées à pans. L'on monte par ce perron sur un palier de douze pieds en quarré. Une espece de niche se présente en face dans le mur. Il en sort une source d'eau qui forme comme trois napes de cristal en tombant successivement dans quatre bassins ornez de coquillages, de festons, de masques & de deux Dauphins de bronze doré qui jettent encore de l'eau dans le bassin

Le grand escalier.

d'en bas. A droit & à gauche du même palier, il y a deux rampes chacune de vingt & une marches pour monter audessus des passages à de grands paliers communs, l'un & l'autre au petit & au grand Apartement du Roy.

Jusqu'à cette hauteur tout l'escalier est pavé, & lambrissé de différens marbres ingénieusement mis les uns dans les autres. Les marches & les paliers sont aussi de marbre. Les apuis ont outre cela des balustres & des ornemens de bronze doré, où l'on a représenté des chiffres & des devises du Roy. Un soûbassement de même hauteur environne tout le dedans de l'Escalier au niveau des grands paliers. C'est delà qu'un ordre de pilastres ioniques, dont les bases & les chapiteaux sont de bronze doré, & le reste de marbre, soûtient l'entablement où l'or paroît encore avec éclat sur les ornemens de la frise & de la corniche.

Au milieu d'une des quatre faces de l'Escalier, & dans l'intervale des pilastres, il y a audessus de la niche d'où sort de l'eau, un piedouche ou console, sur laquelle est posé un
buste

De Versailles. 89

buste du Roy fait de marbre blanc. Vis-à-vis & de l'autre côté de l'Escalier sont les armes de France & de Navarre, & aux faces des deux bouts des trophées. Ces armes & ces trophées sont environnez de plusieurs ornemens, le tout de bronze doré sur un fond de marbre, de même que ceux qui sont autour du buste du Roy, au-dessus duquel on a ajoûté en lettres d'or ces paroles qui font l'ame de sa devise : Nec pluribus impar.

Huit grandes portes enrichies d'or & de sculpture sont proche des encoignûres. Il y en a quatre aux côtez des trophées avec lesquels elles occupent les deux faces des extrémitez de l'Escalier. Les quatre autres donnent entrées d'un côté dans la petite galerie du premier Apartement du Roy, & d'un autre côté dans les grands Apartemens ; & comme elles se rencontrent dans des intervales plus larges & plus profonds, on les a accompagnées chacune de deux colonnes engagées dans le mur aux côtez du chambranle & proche des pilastres.

Auprés de ces dernieres portes, on a feint quatre pieces de tapisserie

H

dont les bordures sont remplies d'ornemens, & le milieu peint par Vandermeulen, représente dans l'une la prise de Valenciennes, dans deux autres la reduction de Cambray & de Saint Omer, & dans la quatriéme la Victore remportée par l'Armée du Roy proche de Montcassel.

Pour les intervales de pilastres qui restent à droit & à gauche proche du buste de Sa Majesté & dans la face oposée audessus du vestibule, plusieurs hommes de différentes nations, sont peints, chacun avec les habits & les manieres de son païs. Ils paroissent comme hors de l'escalier dans des loges d'où ils regardent par dessus une balustrade couverte de tapis à fleurs d'or.

Audessus de l'entablement s'éleve le plafond de l'Escalier. Il est fait en forme d'une voûte percée au milieu. L'ouverture a trente-cinq pieds de longueur sur douze pieds de largeur, elle est environnée de consoles & de festons dorez & couverte de glaces de cristal : & par là l'Escalier qui jusqu'à cet endroit contient cinquante-quatre pieds d'élévation, se trouve éclairé fort avantageusement

de Versailles.

dans toute son étenduë.

C'est dans cette sorte de voûte que l'art fait voir ce qu'il est capable de représenter quand il travaille à des sujets dignes de ses plus grands efforts. On y découvre comme une élévation de bâtimens qui forme un second ordre d'architecture au dessus du premier, en quoy le Peintre a si bien imité le vray, que tout paroît de relief & s'unit agréablement aux corps qui ont des saillies & des avances au dessous. Les colonnes & les pilastres tous d'ordre corinthien partagent avec douze Thermes la longueur des deux faces de l'Escalier.

Entre ces Thermes, ces pilastres & ces colonnes on croit voir une galerie ouverte de toutes parts, & qui semble regner au haut de l'Escalier sur la loge dont on a parlé. Un attique rempli de bas reliefs & de médailles termine enfin ce second ordre. Mais pour bien comprendre la grandeur de tout le sujet & avoir une connoissance plus parfaite des parties qui le composent, il faut sçavoir quelle a esté la premiere intention du Peintre qui en a formé le *Le Brun* dessein.

Comme ce lieu est le premier endroit par où le Roy va dans les apartemens de son Palais, on a crû le devoir orner d'une maniere digne de recevoir ce grand Monarque, lorsqu'il revient de ses glorieuses conquêtes. Le Peintre a feint que les Sciences & les beaux Arts sous la figure des Muses ont décoré ce bâtiment, non pas comme dans une fête ordinaire, mais comme pour un jour de triomphe ; & il a prétendu que les Muses aprés avoir achévé ce pompeux apareil, & l'avoir embelli en mile endroits de festons & de vases remplis de fleurs, demeurassent elles-mêmes spectatrices de tout ce qui s'y passe.

Sur la corniche du premier ordre dans la face vis-à-vis le vestibule on a représenté au milieu d'un fronton brisé, & dans l'une des ouvertures de la galerie feinte, le derriére d'un char de triomphe. Il est rempli de plusieurs boucliers qui portent les armes de l'Empire, de l'Espagne & d'autres différens Etats. Un globe d'azur chargé de trois fleurs-de-lys d'or avec une Couronne royale est posé sur ces boucliers ; & une Hydre paroît écrasée sous le char : A l'un des côtez & contre le fronton est une belle femme assise & couronnée de fleurs. Sa Robe est d'un vert rompu de jaune, & son manteau est rouge relevé d'or. D'une main elle s'apuye sur un livre, & de l'autre elle semble montrer le globe d'azur. Cette femme représente l'Eloquence. Derriére elle Minerve tient d'une main son bouclier, & s'apuye de l'autre main contre le globe.

De l'autre côté du même fronton est une autre femme assise ; l'air de son visage est grand & serieux, elle est couronnée de laurier. Sa robe est bleuë & son manteau blanc ; elle tient un livre & une trompette, & s'apuye encore sur des livres qui sont autour d'elle. Toutes ces marques la font assez connoître pour la Muse qui préside à l'Histoire : Hercule est auprés qui a une partie du corps nud, & le reste couvert d'une peau de lion. Il pose un bras contre le globe, & d'une main il tient sa massuë. Le Peintre a feint un grand tapis de velours violet semé de fleurs de lys d'or qui passe derriére les figures pour leur servir de fond. &

qui remplissant tout l'espace de l'ouverture est retenu avec des rubans par deux des Thermes qui portent la corniche.

Par le char de triomphe on a voulu représenter la France victorieuse enrichie des dépoüilles de ses ennemis ; & par l'Hydre écrasée on a eu intention de marquer ces ennemis mêmes qui s'étant unis ensemble ont formé comme un corps à plusieurs têtes. Cependant ce monstre se trouve surmonté & abattu par la valeur, & par la sagesse du Roy, signifiées par les figures d'Hercules & de Minerve qui instruisent l'Histoire & l'Eloquence des actions & des vertus héroïques de ce grand Prince.

L'on voit une semblable disposition de figures dans la partie oposée audessus du vestibule. Au lieu d'un char, il y a un trépied d'or surmonté d'une Couronne royale. Des arcs & des carquois y sont attachez. Au dessous on voit le Serpent Python percé de flêches. Du côté droit Apollon apuyé contre le trépied tient son arc à la main. Il est couronné de laurier & couvert d'un manteau rouge depuis la ceinture jusqu'en bas. Une femme devant luy tient plusieurs couronnes de laurier. Elle a l'air grand & noble, & le teint un peu pâle comme d'une personne qui s'aplique a de profondes méditations. Sur ses cheveux blonds est une couronne d'or. Elle a plusieurs livres auprés d'elle. C'est Calliope, celle d'entre les Muses qui préside au Poëme héroïque.

De l'autre côté est Melpomene qui représente la Tragédie. L'on découvre sur son visage quelque chose de fier & de triste tout ensemble. D'une main elle tient un poignard & un bandeau royal. Elle est assise sur un siege d'or fait à l'antique, ayant un carreau de velours rouge sous ses pieds, & un sceptre d'or auprés d'elle. Tout proche est une autre femme couronnée de fleurs. Elle a l'air gay & enjoüé; & montrant un masque qu'elle tient en ses mains, elle communique de sa joye à ceux qui la regardent. C'est la Muse qui préside à la Comedie & aux Ballets.

A l'un des bouts de l'Escalier & dans le milieu de la face est un piedestal de jaspe. Il porte un vase d'or. Deux femmes paroissent assises aux côtez

L'une a l'air grand & majeſtueux. Ses cheveux blonds ſont environnez d'une guirlande de fleurs. Elle tient des plans de bâtimens, ce qui fait juger qu'on a voulu repréſenter l'Architecture. L'autre femme eſt la Sculpture qui a des buſtes de marbre auprés d'elle.

A l'autre bout eſt un piédeſtal & un vaſe deſſus ſemblable à celuy dont on vient de parler. Les deux figures de femmes qui ſont aux côtez repréſentent les Muſes Uranie & Erato qui préſident à l'Aſtrologie & à la Muſique. La premiere a un globe ſous ſes pieds, & regardant en haut ſemble contempler le ciel. Elle a une couronne d'Etoiles ſur la tête & un compas à la main. Sa robe eſt d'une étoffe changeante de vert & de jaune, & ſon manteau d'un pourpre violet rehauſſé d'or. L'autre Muſe qui tient une flûte, & qui a l'air moins ſérieux, eſt couronnée de fleurs : & derriére ces figures il y a des tapis ſemez de fleurs-de-lys ſemblables à ceux des deux autres côtez.

Pour accompagner ces différens groupes on a peint les quatre Parties du Monde, auſquelles ſe raportent les figures d'hommes de toutes nations qu'on a repréſentées au naturel dans les tableaux d'enbas d'en bas. L'Asie & l'Afrique sont du côté du vestibule, & l'Amerique & l'Europe à l'oposite. Toutes témoignent de l'admiration & de l'étonnement. L'Europe paroît assise sur des canons vers le bout du côté de la Cour. On voit dans les traits de son visage un air grand, noble & gracieux. Elle a la tête couverte d'un casque ombragé de grandes plumes blanches. Son habit est un corps de cuirasse d'or fait à l'antique & couvert par dessus d'un grand manteau bleu. D'une main elle tient un Sceptre & de l'autre une corne d'abondance remplie de toutes sortes de fruits. A l'un des côtez est un cheval qui leve la tête, & semble hannir; & de l'autre côté sont des livres, un drapeau, un casque & un bouclier sur lequel sont trois fleurs de lys. Toutes ces marques conviennent parfaitement à cette partie de la terre dont les Peuples sont les plus vaillans & les plus civilisez, principalement les François qui à juste titre tiennent le premier rang.

L'Afrique qui regarde l'Europe est une femme More dont le corps est découvert jusqu'à la ceinture. Ses cheveux sont noirs, courts & frisez, & deux grosses perles pendent à ses oreilles. Un voile blanc luy couvre la tête, & de riches bracelets luy parent les bras. Les manches de sa robe sont d'une étoffe changeante de bleu & de vert. Elle est assise sur un Elephant qui paroît couché, & au dessus de sa tête il y a un parasol qui fait qu'elle est toute dans l'ombre.

L'Asie a le teint haut en couleur, l'air de son visage a quelque chose de fier & de cruel. Elle a l'épaule & le bras gauche découverts, & même une partie de la gorge. Sa coëffure est un turban blanc avec des rayes bleües garni de plumes de Héron. Son habillement est une robe bleüe & un manteau jaune. D'une main elle tient une cassolette remplie de parfums qui s'exhalent en fumée. De l'autre main elle est appuyée sur un bouclier au milieu duquel est un croissant. Elle est assise sur un Chameau : & auprés d'elle sont des drapeaux, des timbales, des tambours, des cimetéres, des arcs & des flèches.

Quant à l'Amerique représentée par une femme d'une carnation brune & olivâtre, elle a l'air barbare. Sa coëffure est faite de plumes de diverses couleurs, de même qu'une espece de jupe qui ne la couvre que depuis la ceinture jusqu'aux genoux pardessous son manteau. Elle est assise sur une Tortuë, tenant d'une main une zagaye ou javeline & de l'autre un arc.

Sur les bords de la corniche & au droit des ouvertures où il y a des balustres qui séparent les Muses d'avec les quatre parties du monde, sont représentez des Oiseaux de divers plumages, & tels qu'ils naissent en ces différens climats.

Afin de remplir les quatre arrêtes de la voûte & de joindre ensemble toutes ces figures par des ornemens qui leur soient convenables, l'on a feint sur la corniche du premier ordre & à l'extrémité de chaque encoignûre deux rouleaux en forme de fronton brisé, & qui soûtiennent une grande coquille de bronze, aux côtez de laquelle sont des cornes d'abondance d'où tombent toutes sortes de fruits.

Deux Captifs feints de marbre blanc & dessinez d'une excellente maniere sont assis sur ces rouleaux. On voit au milieu d'eux & audessus de la coquille, la poupe d'un vaisseau de bronze doré. Elle est chargée de branches de laurier & de palmes. Parmi ces palmes & ces lauriers, & pour marquer les avantages que la France a remporté dans toutes les Mers aussi bien que sur la Terre, on a élevé sur les poupes des quatre angles, des trophées composez des armes & des vêtemens de differens Peuples. Deux figures de Victoire semblent former chacun de ces trophées & les parer de fleurs. Audessus sont de jeunes Enfans ailez qui remplissent agréablement le haut de la voûte. Ce sont les Amours de divers Peuples, qui dans cette occasion font voir le respect & la vénération qu'ils ont pour le Prince qu'ils cherissent. Tous s'occupent à orner avec des festons quatre bas reliefs où sous différentes figures on a représenté la magnificence du Roy, son activité, son autorité & sa valeur; & ces Amours agissent avec tant de joye & de plaisir, & paroissent si

de Versailles. 101

animez, qu'ils donnent de la vie & du mouvement à tout le reste.

Plusieurs autres bas reliefs servent audessus de la corniche du second ordre à orner l'espace de l'attique. Il y en a cinq vis-à-vis le vestibule, trois quarrez ont le fond d'or & les figures d'azur, & les deux autres sont octogones en manière de Médailles d'or. On en voit autant de l'autre côté. Mais aux faces des bouts de la voûte, il y a seulement deux bas reliefs feints d'azur à fond d'or, l'un & l'autre de figure quarrée. Dans les quatre bas reliefs octogones des grandes faces l'on a représenté la Poësie, la Scuplture, l'Histoire & la Peinture.

Comme la fin principale du Peintre n'a pas été de satisfaire seulement la vûë par des sujets agréables, mais d'instruire encore la posterité des grandes choses qui se passent de nos jours ; il a employé toutes ses connoissances & tout l'effort de son génie pour décrire d'une manière aussi extraordinaire que sçavante l'Histoire du Monarque pour lequel il a travaillé, & les traits qui forment cette image sont quelques-unes

I iij

des grandes actions du Roy que l'on a marquées dans les huit bas reliefs quarrez.

La prudence & la valeur de ce Prince paroissent par un de ces bas reliefs à fond d'or, où Sa Majesté est à cheval avec trois de ses Generaux, lors qu'ayant resolu d'attaquer la Hollande, il les envoye en trois différens endroits pendant qu'il va d'un autre côté, où en même temps & en peu de jours, il remporte quatre des plus fortes Places qu'eussent les ennemis.

Son intrépidité & la grandeur de son courage se font voir dans un autre bas relief où le passage du Rhin est peint, action si hardie, si surprenante & si mémorable que les siécles passez n'en ayant jamais vû de semblable, ceux qui sont à venir en pourroient douter, si une infinité d'autres merveilles qui ont suivi celle-là ne les obligeoit de la croire & de l'admirer.

Sa Justice paroît dans le troisiéme bas relief où le Roy s'aplique luy-même à reformer l'Etat pour le bien & le soulagement de ses Peuples.

Dans un autre qui est au côté oposé

de ceux dont je viens de parler, on voit comment après le différent survenu en Angleterre entre les Ambassadeurs de France & d'Espagne; l'Espagne fut obligée d'en faire une satisfaction solemnelle au Roy par un acte public & autentique où elle reconnoît la préséance légitimement dûë à la France sur toutes les autres Couronnes.

La clémence & la bonté de ce puissant Monarque sont marquées dans un autre bas relief où les Peuples de la Franche-Comté viennent luy rendre hommage, & luy présenter les clefs des Villes conquises.

Dans un autre on voit cette bonté & cette amitié sincere qu'il a pour ses Voisins dans le renouvellement de l'alliance qu'il fait avec les Suisses.

A l'un des bouts on a fait connoître les soins paternels que Sa Majesté a pour le bien de ses Peuples, par la protection & l'assistance qu'il leur donne pour le commerce & pour la Navigation.

A l'autre bout on voit comme ce Prince donne le bâton de Maréchal de France, & distribuë des couronnes à ceux qui ont merité ces glorieuses récompenses par leur valeur, & par la fidélité de leurs services.

Combien de raports justes & sçavans ne trouve-t'on point dans l'invention & dans l'ordonnance de toutes ces differentes parties, qui par une union admirable ne semblent former qu'un seul sujet? Les Victoires que l'on voit les aîles étenduës & comme soûtenuës en l'air dans les quatre angles de la voûte, sont industrieusement placées pour en interrompre les ornemens d'une maniére agréable. Elles ont l'air du visage charmant, la varieté de leurs attitudes, la noblesse de leur parure, & la grace qui paroît dans leurs actions ne font pas une des moindres beautez de cet ouvrage.

Il ne reste plus à considérer dans tout l'Escalier que deux espaces peints audessus de l'attique proche des extrémitez de l'ouverture du haut de la voûte, où l'on a feint deux bas reliefs de lapis rehaussez d'or & accompagnez de divers trophées d'armes. Dans l'un des bas reliefs, Mercure est représenté avec le cheval Pégase, & dans l'autre une Renommée s'éléve en l'air avec des trompettes en ses mains : & c'est par ces figures que le Peintre a terminé son ouvrage.

Si l'on veut pénétrer dans sa pensée, il y a lieu de croire qu'ayant tâché par les divers Tableaux qu'on a décrits, de donner une image des vertus du Roy ; il a jugé que ny l'espace de cet escalier, ny l'étenduë de tous les apartemens où l'on commençoit dés lors de peindre les actions héroïques de ce grand Monarque, ne pouvant en contenir qu'une partie, il devoit laisser à l'Eloquence & à la Poësie à instruire dignement la posterité des particularitez d'un regne si glorieux : Et qu'enfin il resteroit encore une infinité de choses dont la Renommée prendroit soin de conserver le souvenir dans les temps & dans les lieux éloignez.

De l'Escalier que nous venons de décrire, il faut passer à la première sale du grand apartement du Roy ; mais avant que d'y rien remarquer, l'on doit voir à main droite au bout de cette sale vers l'Orient, un Vestibule & le Cabinet des Médailles qui est auprés ; tous deux de semblable

Le Vestibule.

grandeur. Le Vestibule donne aussi entrée aux tribunes de la Chapelle, par lesquelles à travers un passage où doit être le vestibule des tribunes de la nouvelle Chapelle que l'on bâtit, on peut aller voir les apartemens contenus dans l'aîle neuve. Les principaux de ces apartemens qui sont de pleinpied avec les grands apartemens hauts du Château ont été quelque temps occupez par Monseig.r le Duc de Bourgogne, par Mgr le Duc d'Anjou à présent Roy d'Espagne, & par Mgr le Duc de Berry qui a maintenant l'apartement le plus considérable de cette aîle, où Mr le Prince de Conty & plusieurs autres Princes & Seigneurs sont aussi logez du côté des jardins; tous les apartemens des cours étans occupez une partie par les Ecclesiastiques qui desservent la Chapelle, & le reste par divers Officiers du Roy & de Messeigrs les Princes Enfans de France.

Le Vestibule proche du Cabinet des Médailles a trente pieds depuis le côté du Septentrion par où il reçoit son jour jusqu'à la porte du Cabinet vers le Midy, & sa largeur est de vingt-quatre piéds sur environ

de Versailles. 105

trente pieds d'exhauffement. Le pavé & le lambris font de marbre ; L'entablement est doré : Et tout le plafond est orné de peintures. Il y a des Tableaux & des Bustes de bronze fur des escabellons faits des marbres les plus rares. Deux de ces bustes placez aux côtez de la porte du Cabinet représentent Mitridate & Caracalle : & vis-à-vis aux côtez de la fenêtre sont deux Bustes antiques d'Adrien & de Cléopatre femme du jeune Juba Roy de Mauritanie. Quant aux Tableaux il y en a deux grands de Paul Veronese. Dans l'un est représenté le Serviteur d'Abraham qui offre des Joyaux à Rebecca. Dans l'autre J. C. accompagné de sept de ses Disciples parle à la Femme malade d'un flux de sang qui toucha son vêtement, & qui obtint ainsi sa guérison. Des tableaux plus petits de Saint Pierre & de Saint Paul ont été peints par la Mare, & d'autres où les noms de Guide & du Carache sont marquez représentent le premier la fuite de la Vierge en Egypte, & celuy du Carache Ænée qui porte son pere Anchise sur ses épaules pour le sauver de l'embrasement de la Ville de Troye.

Quoique les ouvrages soient à observer, il est encore plus à propos pour ce qui regarde nôtre sujet de considérer les Peintures dont tout le haut du Vestibule est embelli. Au-dessus de la corniche le plafond s'élève en maniére de voûte. On a feint une balustrade d'or, où dans le milieu des grandes faces, il y a deux piedestaux remplis de bas reliefs représentans des Enfans & de jeunes Tritons qui se joüent. Devant cette même balustrade dans les encoignûres du plafond, l'on voit de grands vases d'or portez par des coquilles ornées de guirlandes, & qui soûtiennent d'autres vases plus précieux. Le reste est couvert de riches tapis sur lesquels il y a des cassolettes d'or & des vases d'agathe de différentes figures, principalement au-dessus de deux frontons, dont la fenêtre & une arcade semblable qui renferme à l'autre bout la porte du cabinet, sont couronnées. Car on a même pris un soin tres-particulier en ces endroits d'imiter ce qu'il y a de plus excellent dans le magnifique amas que ce Cabinet contient.

De jeunes Filles & de jeunes Hommes peints comme hors du Vestibule au derrière de la balustrade s'occupent à ranger ces ouvrages si précieux, à mesure que des Enfans aîlez qui remplissent une partie du haut du plafond semblent en aporter encore de toutes parts. L'action & le mouvement qui paroît dans toutes les figures exprime la diligence avec laquelle tant de choses rares ont été rassemblées dans ce riche Cabinet.

Sur des nuages & proche les quatre grands vases d'or à un bout du plafond, on voit Pluton & Neptune avec Thétis; & à l'autre bout vers le Cabinet sont deux Femmes assises. Celle qui est du côté gauche représente l'Asie. Elle a un Turban sur sa tête, & dans ses mains une cassolette remplie de parfums : Et celle qui est du côté droit est l'Europe. Auprès d'elle on voit plusieurs sortes d'armes & d'instrumens.

Dans la partie la plus élevée du plafond est une belle Femme, dont le corps est à demy découvert. Une couronne de rayons environne sa tête; De la main droite elle porte un sceptre d'or, s'apuyant du même bras sur une corne d'abondance, d'où se répandent quantité de médailles, de perles, & de joyaux : & de la main gauche qu'elle étend vers le Cabinet, elle marque les ordres qu'elle prescrit. C'est la Magnificence. De deux Femmes qui l'accompagnent, l'une assise auprés d'elle est l'Immortalité avec un obélisque & une palme : Et l'autre a des aîles au dos, une flâme sur sa tête & dans ses mains des instrumens propres aux beaux Arts pour en marquer le progrés.

Sans s'arrêter à divers ouvrages de sculpture dont le Vestibule est encore embelli, il suffit d'observer qu'une espece de bas relief placé sur la porte du Cabinet des Médailles, exprime en particulier la science & la recherche de ces sortes de monumens. Car on y voit une figure de Femme vétuë à la Romaine, assise & apuyée sur des vases remplis de médailles & de pierres gravées. Un enfant aîlé debout devant cette Femme luy présente un vase antique en façon de gondole, où elle semble choisir ce qu'elle desire en ôter. Un Enfant plus petit paroît enlever un

de Versailles. 111

autre vase, & toutes ces figures sont de bronze doré sur un fond de marbre blanc.

Du Vestibule on monte cinq marches de marbre pour entrer dans le Cabinet vers le Midy. La quantité d'objets qui se présentent d'abord à la vûë, fait qu'on a peine à en remarquer la richesse & la disposition. Tout ce lieu est couvert d'or & rempli de glaces de cristal, excepté quelques endroits ornez de peintures. Le bas forme une manière d'octogone plus longue que large; & le haut une espece d'ovale. Dans une coupole de pareille figure au milieu du plafond, l'on a peint un groupe de trois Amours. Des guirlandes de fleurs environnent de relief l'ouverture de ce petit dôme. Delà elles pendent en manière de quatre festons; & de jeunes Satyres avec les extrémitez des mêmes guirlandes ornent deux bordures remplies de glaces de miroir dans les grandes faces des côtez du Cabinet au dessus de la corniche. Proche de ces bordures on voit de petits groupes d'Enfans peints en camayeux. A côté de tout cela il y a dans les faces du Cabinet des Enfans

Le Cabinet des Médailles.

de relief assis sur divers trophées d'armes. Ils soûtiennent des ovales bordées de fleurs. Ce sont comme autant de tableaux attachez au devant des quatre pendantifs du plafond. On voit dans chacune une Femme assise, l'une accompagnée de l'Amour représente Vénus, & les autres l'Abondance, la Magnificence, & la Simetrie. Dans chaque face des deux bouts du Cabinet, il y a trois bordures en façon de chambranles. Celles au dessus de la fenêtre contiennent des ouvertures qui servent à donner du jour au plafond avec une ouverture ronde bordée de fleurs qui accompagne dans la coupole trois miroirs de pareille figure; & les autres chambranles forment encore comme autant de miroirs faits de plusieurs glaces de cristal.

Voilà de quelle sorte le haut de ce Cabinet est décoré ; mais comment exprimer la magnificence dont on voit briller le ❊❊❊? L'entablement qui soûtient le ❊❊fond a dans sa frise cinquante intervales d'un pied de profondeur, tous remplis de vases d'agathe & de filigranes d'or, que des glaces de miroir dont les intervales

de Versailles. 113

vales sont revêtus, semblent encore multiplier Les huit faces autour de ce même Cabinet, & les enfoncemens qu'on a pratiquez sont enrichis de toutes parts d'ouvrages si précieux, que ni les lambris de cristal ni l'or même n'y doivent plus être considérez.

Avant toutes choses il faut distinguer vingt-quatre tableaux d'anciens Maîtres, qui font partie du lambris. Il y en a quatre de moyenne grandeur arrondis par le haut dans des enfoncemens quarrez aux côtez de la porte, & de la fenêtre. L'un est celuy où Raphaël a peint la Vierge en Païsane assise avec son Fils & le petit Saint Jean debout devant elle: Un autre le jeune Tobie conduit par l'Ange Gabriël, fait par André del Sarte; Le troisiéme une sainte Famille de Léonard de Vinci; Et le quatriéme une Vierge avec son Fils dans ses bras & des festons de fleurs audessus, d'André Mantegne. Sous ces tableaux fort bien conservez quoique tres-anciens il s'en trouve huit petits séparez par des glaces, & par quatre tablettes chargées de vases précieux. Les tableaux audessus

K

des tablettes sont, la décente de Croix de Vandeix qu'on estime beaucoup; une Circoncision du Dosse, de Ferrare; un Païsage & Diane dans le Bain, tous deux de Corneille Polembourg. Pour les tableaux entre les tablettes & des Armoires qui servent d'apuy, il y en a un de Paul Véronese où la Fille de Saint Pierre guérie par J. C. est représentée; un du Parmesan où la Vierge tenant son Fils, est figurée avec plusieurs Saints; Et les derniers peints par Annibal Carache, représentent l'un le Sacrifice d'Abraham, & l'autre la mort d'Absalon. Sur les Armoires audessous de tous ces tableaux parmi de grands vases & divers joïaux de fort grand prix, sont quatre belles figures antiques de marbre, dont deux aux côtez de la porte représentent Cléopatre, & un jeune Homme nud; Des deux autres proche la fenêtre, l'un est un Amour assis sur un Cheval marin, & l'autre Cupidon & Vénus.

Dans les enfoncemens aux côtez de la cheminée, & de l'espace qui est vis-à-vis, l'on voit en haut quatre tableaux de Paul Veronese, l'un de

de Versailles. 115

J. C. en croix, un autre où la Vierge, saint George, sainte Catherine, & saint Benoît à genoux sont représentez, & deux de la sainte Famille, dans l'un desquels le petit Jesus paroist endormi sur les genoux de la Vierge. Plus bas entre des glaces de miroir au devant desquelles sont des vases de pierres orientales posées sur des consoles, il y a huit tableaux. Quatre représentent divers païsages, d'Annibal Carache, du Violé, & de Claude le Lorain; & les quatre autres sont l'Adoration des Rois de Paul Veronese, un Sacrifice d'Abraham d'Holben, une Nativité du dessein de Raphaël peint par l'un de ses Diciples, & un saint François d'Annibal Carache. Les tablettes qui separent les huit tableaux, sont couvertes de differentes sortes de vases, & sur les Armoires au dessous il y a huit Statuës d'argent de sujets tirez de l'histoire & de la fable; & des vases dans l'un desquels on peut remarquer un modele de galere ou de galiote, dont les agrés sont garnis de rubis, d'émeraudes, & de toute autre sorte de pierreries.

Un tres-grand nombre de Statues, de figures, de bustes, de vases, & de

K ij

cassolettes remplissent quatre niches en demi octogones revêtuës de glaces de cristal dans les plus petites faces du Cabinet. Combien d'autres ouvrages semblables sont encore rangez de côté & d'autre; mais quelle quantité de jades, d'agathes, de jaspes, de cornalines, d'onix, de calcedoines, d'héliotropes, de prime d'émeraudes, d'ametistes, & de diverses autres pierres orientales, toutes d'un travail exquis & de grandeurs surprenantes, ne voit-on point sur plus de cent consoles aux côtez des enfoncemens & des niches que nous avons remarquées, & dans deux grands enfoncemens qu'occupent la cheminée & l'espace oposé!

Si l'on regarde la nef du Roy sur le haut du chambranle de la cheminée, deux autres vases en forme de burettes qui l'accompagnent, & diverses figures d'or & d'argent, d'ambre & de corail, placées de côté & d'autre, on verra que tous ces ouvrages sont couverts de perles, de diamans, de rubis, d'émeraudes, de saphirs, de turquoises, d'ïacinthes, de grenats, d'opales, & de topases. La nef est toute d'or du poids de cent cinquante

de Versailles. 117

marcs, & ornée de sculptures & de cizelures excellentes.

Mais qui peut estimer le nombre & la beauté des camaïeux & des pierres gravées tant en creux qu'en relief ? Ces précieux monumens d'antiquité joints aux medailles, d'où le cabinet que nous décrivons prend son nom, font ensemble sa principale richesse. Une grande table remplie de tiroirs & faite en forme de bureau placée au milieu de ce cabinet ne suffit pas pour les contenir. C'est pourquoy dans les niches & dans les enfoncemens dont on a parlé il y a douze armoires ou cabinets particuliers, qui ne s'élevent qu'à hauteur d'apuy. Ils sont dorez & enrichis d'ornemens : & ont de part & d'autre des figures d'Enfans en forme de thermes.

Plus de trois cens tiroirs ou tablettes contenus dans ces cabinets, dans le bureau & sous un lit de repos placé vis-à-vis la cheminée, servent à disposer par ordre toutes les médailles, & les pierres gravées. C'est-là que les sçavans admireront combien la magnificence de S. M. a donné lieu de faire de nouveaux progrés & de nouvelles découvertes dans les plus doctes recherches. Il y a en or, en argent, & en bronze tout ce qu'on peut voir aprésent de plus belles médailles Greques, Romaines, Egyptiennes, Hebraïques, Siriaques, Puniques, Gauloises, Gothiques, Arabes, & Rhunique, qui forment des suites différentes de Consulaires, d'Imperiales, de Viles, de Rois, de Deïtez, de Médaillons, de Contorniates, de Padouanes, & autres.

Parmy une infinité de monnoies fabriquées par toutes les Nations du monde, il s'en trouve une suite complette de nos Rois & de la Monarchie Françoise depuis qu'elle a commencé à s'établir dans les Gaules : & ces monumens joints à divers autres tels que ceux qui ont esté tirez de la sepulture du Roy Childeric sont des titres incontestables du rang que les François ont si justement aquis audessus des autres peuples. Les médailles d'or & d'argent fabriquées depuis peu de siécles en France, en Espagne, en Allemagne, en Angleterre, en Hollande, & dans les Roïaumes du Nord & du Levant, forment encore un nombre tres grand & un poids même qui excede celui des premieres qu'on

& remarquées. On ne sçauroit aussi assez estimer les pierres gravées dont le nombre n'est pas moins surprenant. Elles sont toutes richement enchâssées, mais admirables par l'excellence de leur travail, par leur antiquité, & par les sujets illustres qu'elles représentent. Enfin il n'apartenoit qu'à un Prince aussi magnifique que le Roy, & qui eût autant d'amour & de connoissance que Sa Majesté en a pour toutes les choses dignes de sa puissance, d'enrichir la France de semblables tresors.

Il est maintenant à propos de parler du grand Apartement du Roy. Les cinq pieces qui le composent ont le même exhaussement que le vestibule, & du moins autant de largeur que ce vestibule a de longueur ; elles reçoivent toutes leur jour du côté du Septentrion. Des portes disposées vis-à-vis les unes des autres, assez prés des fenêtres font voir vers l'Orient, au travers du vestibule & à l'extrémité de l'une des tribunes de la Chapelle une ouverture de fenêtre qui ayant vûë sur la petite cour de la nouvelle Chapelle, laisse découvrir plus loin l'avant-court & tout ce qu'on a remarqué au

Le grand Apartement du Roy.

delà. Et à deux cens cinquante pieds de la porte du vestibule par les portes de l'Apartement, & au fond d'un des sallons de la grande gallerie une ouverture de fenêtre termine à l'Occident cette sorte d'enfilade, & laisse à la vûë la liberté de s'étendre aussi loin qu'elle peut aller. Le plaisir d'un tel aspect semble s'augmenter par l'air agréable que l'exposition de ces lieux, & les jardins qui les environnent y aportent autant que par tout, ce que les lambris, les peintures, & les meubles offrent de superbe & de beau. Il est aisé néanmoins de juger de leur magnificence. Les marbres y sont plus précieux, & les compartimens de ces marbres sont plus variés que dans l'escalier & le vestibule.

La Premiere Sale.

Toute la premiere Sale large de trente-trois pieds & longue de quarante-deux en est pavée & revêtuë jusque sous la corniche qui est dorée. Il y a seulement quatre espaces ornés de Peinture dans l'étenduë des lambris. Deux entre les portes des bouts de la Sale représentent des édifices & des jardins en perspective. Les autres entre les trois fenêtres, dans l'une des deux grandes faces font voir

comme

de Versailles. 121

comme des niches enrichies de coquilles & de basreliefs d'or, avec des statuës de méleagre & d'athalante, mais peintes avec tant d'art & dans un jour si favorable qu'on a peine à croire qu'elles ne soient pas de relief; & même quatre pilastres peints de marbre & d'ordre ionique aux côtez de ces niches semblent si vrais que les yeux y sont trompez de prés comme de loin. On ne voit point de peinture dans la face oposée aux fenêtres. Des pilastres & des colonnes ioniques de marbre, avec des bases & des chapiteaux de bronze doré, ornent de ce côté la porte du grand Escalier, & une fausse porte qui fait simetrie avec la véritable ; y ayant entre deux une niche, & sur un piédestal au milieu de cette niche la statuë antique de Lucius Quintius Cincinatus. Quoiqu'il y ait beaucoup d'autres ouvrages de marbre, & de bronze dans la même sale, comme des basreliefs sur les portes, où il paroît des figures d'Enfans de bronze doré sur un fond de marbre de diverses couleurs, six bustes d'Hommes & de Femmes élevez sur des escabellons ; & enfin deux tables

L

d'albâtre fleuri, & plusieurs vases de serpentin & de porphire; tous ces ouvrages avec ce qu'il y a de lustres & de girandoles de cristal de roche portez par de grands guéridons dorez ne servent qu'à faire remarquer davantage la statuë de Cincinatus: car elle tient le premier rang. Le travail en est tres beau, & l'on aime à voir l'image d'un Dictateur Romain qui fut autrefois un exemple de valeur & de vertu.

Mais si l'on se plaît aux objets les plus capables d'émouvoir l'esprit & le cœur, il faut arrêter quelques temps les yeux sur les Peintures qui remplissent tout le plafond; Dans la partie la plus élevée, & comme à travers d'une grande ouverture ovale, Vénus est représentée à demi découverte sur son char. Les trois Graces derriére elle tiennent une couronne de roses sur sa tête. Cupidon vole au dessus de sa mere avec un arc & une fléche à la main : & des Amours chargez de Corbeilles remplies de fleurs portent le carquois & le flambeau de ce petit Dieu & soûtiennent en l'air de grandes guirlandes de roses, que Vénus a dans ses mains, & qui semblent réünir tout ce que son fils assujettit à son Empire. Car ces guirlandes environnent dans le Ciel une assemblée de Dieux où Jupiter préside : Et par dehors l'ouverture elles pendent comme sur la terre jusqu'au bas des encoigneures du plafond où quatre autres ouvertures feintes se rencontrent. Dans chacun de ces endroits l'on a peint un jeune Heros & une tres-belle Femme liez ensemble avec des fleurs aux côtez d'un piédestal d'or en forme de trépied. Il paroît de la douleur sur leur visage : Cependant il semble qu'ils estiment trop leur captivité pour chercher à s'en délivrer. Des Amours comme fort contens aussi d'une telle conqueste se reposent sur le trépied proche d'un trophée orné de fleurs disposées en festôs. Ce trophée marque la valeur du héros dont ils se sont rendus les maîtres : & tant de figures qui semblent vivantes & animées expriment la puissance que Vénus & l'Amour exercent chaque jour sur tous les cœurs.

Un cordon de relief environne la grande ovale. L'on a joint deux bordures rondes aux extrémitez, & les intervales entre les ouvertures feintes des encoignures sont occupez par des piedestaux peints en maniere d'attique d'or avec des armes, des coquilles, & des masques, d'où pendent des festons de fleurs faits de sculpture & retenus par des Satyres, & par des enroulemens qui forment des frontons brisez. Derriere tous ces ouvrages couverts d'or l'on croit voir comme de grands tapis de velours violet; & au devant de chaque face de l'attique est un tableau plus haut que l'attique même, mais un peu moins long.

Le tableau vers l'Occident représente le mariage d'Alexandre & de Roxane. La fable d'Apollon & de Daphné changée en laurier orne de part & d'autre les extrémitez de l'attique: & au dessus dans une des bordures rondes proche de l'ovale, est Europe enlevée par Jupiter métamorphosé en taureau. On voit une semblable disposition de sujets dans la face oposée. Les jeux & les coursses du Cirque qu'Auguste donnoit au Peuple Romain forment le sujet du tableau. Il y a aux côtez la fable de Pan & de Syrinx changée en roseaux; & Amphitrite épouse de Neptune portée par

de Versailles. 125

un Dauphin, & précédée de l'Amour paroît dans l'autre bordure ronde proche l'extrémité de l'ovale.

Un grand tableau du côté de l'Escalier, entre l'enlevement de Coronis par Neptune, & celui de Rhea ou Cybelle par Saturne, représente Nabuchodonosor sur son char avec la Reine son épouse. Une suite nombreuse d'hommes à cheval superbement parez les environne : & un Architecte leur montre le plan de divers ouvrages de son art où l'on travaille avec diligence, & qui paroissent déjà fort avancez. Ce sont les jardins de Babilone portez en terrasse sur des arcades pour imiter ceux que les Rois des Medes avoient sur de hautes colines : car la Princesse que Nabuchodonosor épousa étant issuë du sang de ces Rois, desira d'avoir des jardins élevez comme les leurs.

Pour le dernier tableau peint audessus des fenêtres, & accompagné de part & d'autre des fables de Proserpine enlevée par Pluton, & d'Orithie par le vent Borée ; on y reconnoît une image de cette armée, que Cyrus employa à secourir une Reine affligée: & cette Princesse assise dans un char

L iij

d'argent couvert d'un dais d'or, paroît regarder les troupes dont Cyrus monté sur un autre char, semble faire la revûë.

Les huit sujets de fables tous peints en maniere de camaïeux d'azur rehaussez d'or, expriment les peines que l'amour cause. Les quatre tableaux d'histoire colorez comme au naturel sont les images de ce qu'une grande passion produit de glorieux quand elle agit dans le cœur d'un véritable héros; & ces exemples mémorables d'engagement sincere, de réjoüissance publique, de magnificence royale, & de valeur à défendre les droits d'une Reine tendrement aimée, ont esté choisis comme plus conformes à ce qui s'est passé dans le mariage du Roy, si célebre par la pompe de sa solemnité, par les courses de têtes, & de bagues faites à Paris dans le Carousel de l'année 1662. par les travaux somptueux dont les Maisons royales commencerent alors d'être embellies, & enfin par la conquête que le Roy fit en très-peu de tems pour la Reine son épouse, de tout ce que l'Espagne refusoit alors d'accorder à ses justes prétentions.

Auprés de la sale que nous venons de décrire, il y a une chambre de trente pieds en quarré où l'on a mis un billard. Elle est pavée de marbre; & ses ornemens se raportent à Diane & à la Lune, estimées la même parmi les anciens, & représentées ici sous une seule figure. De cinq ouvertures feintes dans le plafond, celle du milieu est ronde, & Diane peinte avec un croissant sur la tête semble y répandre une clarté pareille à la lueur dont la Lune éclaire les nuits les plus calmes. Diane est assise sur son char tiré par des biches. Plusieurs figures de femmes l'accompagnent: Les unes avec des ailes de papillon au dos, marquent les Heures; & d'autres par divers attributs désignent la nuit, le repos, la fraîcheur du matin, l'étude, mais sur tout la chasse, & la navigation, qui dans les quatre autres ouvertures feintes en arcades sont encore désignées plus particulierement par des sujets tirez de l'Histoire ancienne. Ces quatre grands tableaux représentent Cyrus à la chasse du Sanglier, Alexandre à la chasse du Lyon, Jason avec les Argonautes qui abordent ensemble par mer au Royaume de

Chambre du Billard.

L iiij

Colchos pour la conquête de la toison d'or, & Jules Cesar qui envoie une Colonie Romaine à Carthage. Il n'est pas difficile de connoître que de tels sujets ont esté choisis par raport au Roy, qui s'est fait de bonne heure un plaisir de la chasse; & qui n'a pas plûtôt pris en main le gouvernement de son Etat, que, pensant à tout ce qui pouvoit contribuer à la félicité de ses peuples, Sa Majesté commença d'établir le commerce dans les contrées les plus éloignées, & envoia dés lors pour cet effet des Colonies Françoises à Madagascar, & en divers autres lieux: car c'est là ce qui a véritablement donné lieu à ces peintures, dont la beauté se fait assez remarquer.

Des piédestaux dans les encoigneures du plafond chargez de divers ornemens, d'armes, d'instrumens de navigation & de chasse, de globes & de couronnes de France; Les bordures des tableaux & la corniche qui les porte; tous ces ouvrages de sculpture sont dorez; & le reste des faces de la chambre au dessous de la corniche est lambrissé de marbre.

Il y a trois fenêtres d'un côté, & dans chacun des autres un enfonce-

de Versailles. 129

ment au milieu de deux portes. Sur les portes vers l'Occident l'on a feint deux basreliefs d'or, où sont représentez une offrande de fleurs, & un sacrifice faits à Diane pour le veu de chasteté, qui est marqué par une ceinture qu'une jeune fille offre à cette Déesse. La cheminée de la chambre est placée de ce même côté. Dans l'enfoncement entre les deux portes, sur cette cheminée dans une bordure de marbre accompagnée de guirlandes de fleurs de bronze doré, l'on voit un tableau du sacrifice d'Iphigenie. Il est représenté dans le tems que Diane, pour sauver cette jeune Princesse, fit trouver sur l'autel une biche que Calchas immola au lieu d'elle.

La fable d'Actéon, & celle de la fontaine Aréthuse, que Diane par un nuage défendit des poursuites du fleuve Alphée, sont figurez en maniere de basrelief d'or audessus des portes oposées à celles dont nous avons parlé. Entre ces portes vis-à-vis la cheminée est un grand tableau. Là pour marquer l'amour que Diane eut pour Endimion, on l'a représentée descenduë de son char. Une lueur douce qu'elle répand comme durant la nuit fait qu'on découvre auprès d'elle de jeunes Amours. Elle-même semble s'aprocher d'une maniere passionnée d'Endimion ; Il dort cependant entre les bras d'un vieillard ailé qui répand des pavôts pour représenter le sommeil, & auprés d'eux est un fleuve qui semble endormi.

Vis-à-vis les fenêtres entre une porte qui conduit au grand Escalier & une fausse porte qu'on a feinte comme à demi ouverte, il y a dans l'enfoncement du milieu un piedouche avec des trophées de bronze en basrelief posez ensemble sur un grand socle. C'est-là que le Buste du Roy fait en marbre blanc par le Chevalier Bernin est placé sous une couronne portée par deux enfans ailez. Ils sont de bronze doré ; & s'avancent de dessus une corniche en maniere de fronton qu'un petit avantcorps, & des consoles de bronze attachées au devant soûtiennent.

Huit Bustes antiques d'Empereurs & d'Imperatrices posez sur des escabellons entre de grands chambranles qui environnent les fenêtres, les portes & les autres enfoncemens sont considérables par leur beauté autant

de Versailles. 131

que par les sujets qu'ils représentent, ils ont leurs draperies d'Albâtre Oriental, & les têtes sont les unes de marbre blanc, & les autres de porphire.

Pour les autres piéces de l'apartement, elles sont parquetées de menuiserie. Les embrasures des portes & des fenêtres sont revêtuës de marbre; mais le reste n'en est lambrissé qu'à hauteur d'apuy; Et cela même a donné occasion d'enrichir ces lieux de tentures & d'autres meubles magnifiques.

Sale des Gardes.

La Sale des Gardes où l'on entre d'abord a quarante-huit piéds de longueur audevant des tremeaux qui séparent trois fenêtres dont elle est éclairée. Il y a deux grands miroirs de glaces de cristal, & sous les miroirs l'on voit des tables de Calcédoine accompagnées de part & d'autre de girandoles de cristal de roche, portées par des gueridons dorez. Dans la face oposée est une cheminée de marbre. L'on voit audessus le tableau où Paul Veronese a peint la Sainte Famille & Sainte Catherine que le petit Jesus épouse en luy mettant un anneau au doigt. Deux tribunes aussi de marbre ornées chacune de deux colonnes d'ordre ionique font aux côtez, & fe communiquent l'une à l'autre par derriére la cheminée. Sur leurs apuis l'on a placé quatre vafes de porphire, & dans le fond font attachez deux tableaux dont l'un repréfente la Nativité de J. C. peinte par le vieux Palme, & l'autre eft celuy où le Titien a figuré la Sainte Famille. Des cordons tiffus d'or foûtiennent dans les faces des extrémitez de la Sale deux autres tableaux d'une grandeur extraordinaire, & qu'il fuffit de nommer pour les faire confidérer. L'un vers l'Orient eft la Famille de Darius aux piéds d'Aléxandre, peinte par le Brun, & l'autre vers l'Occident eft celuy où Paul Véronefe a repréfenté J. C. & deux de fes Difciples affis à table avec lui dans l'hôtelerie du bourg d'Emaüs.

Quànt au plafond d'où pendent cinq grands luftres de criftal de roche, c'eft-là que par des fculptures dorées & par des peintures fort ingénieufes l'on a continué de tracer l'Image des actions héroïques du Roy. Mars eft peint fur fon char dans la partie la plus élevée du plafond. Les Génies de la Guerre l'ac-

de Versailles. 133

compagnent représentez par de jeunes Enfans aîlez à qui des Ciclopes donnent des armes. La Renommée vole devant le char. L'Histoire figurée par une femme aîlée semble écrire ce qu'elle entend publier : Et l'on voit auprés de cette Femme plusieurs Génies qui ôtent la faux des mains de Saturne.

Il y a deux autres tableaux aux extrémitez de ce premier. L'un représente sous diverses figures la Terreur, la Crainte, la Fureur & l'Epouvante qui semblent étonner les Puissances de la terre à l'arrivée de Mars. Et dans le tableau du bout opposé est peinte la Gloire avec la Valeur, accompagnée de la Félicité, de l'Abondance & de la Paix : La Gloire est exprimée par une Femme qui a des aîles au dos. Hercule représente la Valeur. Deux Femmes assises à ses côtez sur un même nuage expriment l'Abondance & la Félicité : & des Enfans aîlez qui désignent la Paix portent en l'air des Couronnes & des branches d'olivier.

Au-dessous de ces trois grands sujets environnez chacun d'une bordure dorée, on a feint une espéce d'attique posé sur la corniche, d'où le plafond prend sa naissance. Tout autour de la Sale quantité de jeunes Enfans peints de couleur naturelle dans cet attique, tant du côté des fenêtres qu'au dessus de la cheminée & des tribunes, représentent encore divers Génies qui semblent s'armer & s'instruire de tous les Exercices propres à la guerre. Ces sortes de frises sont interrompuës, chacune par deux bordures rondes appliquées de relief devant l'attique au dessus des tremeaux; Deux bordures ovales placées en longueur vis-à-vis l'une de l'autre aux extrémitez de la Sale cachent dans le milieu de ces faces presque tout ce qu'on y voit de ce même attique: Et ces six tableaux peints en maniére de bas-reliefs d'or, contiennent autant de sujets d'Histoire qu'on a jugé le raporter aux exemples de valeur & de sagesse que le Roy a données dès qu'il a commencé à prendre le soin & la conduite de ses Armées.

L'ovale du bout de la Sale vers l'Orient représente un ancien Capitaine Romain qui fait faire l'Exercice & la revûë à des Légions. On

de Versailles.

a voulu par ce sujet marquer l'aplication que le Roy avant que d'entreprendre la Guerre se donna pour établir dans ses Armées une discipline exacte.

Des deux tableaux ronds placez du côté de la cheminée, l'un représente César qui harangue ses Soldats pour les disposer au combat, & l'autre Démétrius Paliorcétes qui fait monter ses troupes à l'assaut d'une Vile forte.

Le Roy s'est rendu fameux par les Victoires qu'il a remportées, par le grand nombre de Viles qu'il a prises; & plus grand encore par l'empire absolu qu'il conserve sur luy-même, ne faisant servir l'heureux succés de ses armes qu'à punir les injustes, les superbes, & les impies: Aussi pour désigner le triomphe dû à Sa Majesté, l'on a jugé qu'il n'y en avoit point de si convenable que celuy du grand Constantin qui est peint dans l'ovale du bout de la Salé vers l'Occident.

Les deux tableaux ronds du côté des fenêtres représentent Marc-Antonin qui récompense les services d'un de ses Officiers, & Aléxandre

Sévère qui casse & dégrade une légion entière à la tête de l'armée Romaine : Et ces deux exemples marquent la juste dispensation que le Roy sçait faire des punitions & des récompenses selon que chacun les a méritées.

Pour les ornemens de sculpture qu'il reste à considérer dans les encoignûres du même plafond, ce sont quatre trophées. L'un composé d'armes, d'enseignes & d'étendards Turcs sert à faire connoître la victoire que les troupes du Roy, envoyées au secours d'Allemagne, remporterent sur les Infidelles à la journée de Saint Gothard. Un autre formé de dépoüilles navales désigne les avantages qui ont établi le commerce de toutes les Indes. Et les deux derniers où les armes de l'Empire, de l'Espagne & de la Holande se rencontrent expriment ce que Sa Majesté a fait de glorieux malgré les efforts d'une Ligue que ces trois Puissances ont si souvent & si vainement renoüée. De jeunes Amours ornent de fleurs ces trophées pour marquer que le Roy par les loix douces & équitables qu'il impose se fait aimer de
ceux

ceux mêmes qu'il a vaincus. Combien d'idées agréables ces différens ornemens n'offrent-ils point quand on peut se donner le loisir d'en examiner toutes les parties?

On n'auroit pas moins lieu de s'arrêter à regarder les Peintures de la chambre qui suit. Dans le tableau du haut du plafond l'on voit Mercure dont le char tiré par des Coqs est précédé de l'Etoile du jour représentée par un jeune Enfant qui vole en l'air avec une trompette à la main, & une Etoile au-dessus du front. La Vigilance l'accompagne; & les Génies des Arts & des Sciences marchent aux côtez du char. Le tableau est quarré. Les angles sont coupez par des portions de cercle où sont attachez à chacun un chapeau avec des guirlandes dorées, le tout de sculpture.

Chambre du Lit.

Plus bas dans des ovales peintes en camaïeux sont figurées, l'Adresse du corps, la Connoissance des beaux Arts, la Justice, & l'Autorité Royale. Des guirlandes de fleurs portées par de jeunes enfans, & des femmes colorées au naturel & qui représentent encore les Arts & les Sciences, sem-

M

blent soûtenir ces différentes ovales. Aux quatre faces du même plafond il y a quatre tableaux. Par celuy qui occupe la face vers l'Orient, l'on a eu dessein de figurer une Ambassade que des nations barbares envoyerent à Auguste avec des présens de fort grand prix.

Le tableau oposé exprime une Ambassade d'Indiens, & à leur tête Calanus qu'Aléxandre le Grand retint auprés de luy. Le Peintre par une licence particuliére à representé dans le lointain le même Calanus sur un bucher, parce qu'en effet ce Philosophe Indien prit la résolution de se brûler tout vivant, quand il crut être prêt d'arriver par son grand âge à la fin de sa vie.

Le premier sujet sert à marquer l'éloquence, l'autre la constance & le mépris de la vie; mais tous deux ensemble offrent une idée des nations qu'on a vû venir des extrémitez de la terre pour rendre hommage à la grandeur & aux vertus du Roy.

Audessus des fenêtres on a peint Alexandre & Aristote qui reçoit de ce prince divers animaux étrangers dont il écrit l'Histoire : Et dans le tableau vers le midy Ptolomée Philadelphe paroît comme au milieu de sa fameuse Bibliotheque avec des Gens de lettres qu'il avoit attirez de toutes parts. On ne pouvoit trouver des exemples plus propres pour marquer la magnificence de la Bibliotheque Royale qui passe aujourd'huy pour la première de l'Europe. Et si cette Bibliotheque est un monument de la protection toute particuliére que le Roy a donnée aux belles Lettres : Les Académies que Sa Majesté a instituées & qui sont aujourd'huy établies dans le Louvre, où tout contribuë à rendre leurs exercices avantageux, font voir le soin qu'elle prend du progrés des Sciences & des beaux Arts.

Les Salles & les Chambres que nous venons de décrire, & même le Vestibule proche du Cabinet des médailles, sont tendus & meublez en hiver, les unes de velours vert & les autres de velours de couleur de feu avec des crépines & des galons d'or ; & toutes sont tapissées en Eté de brocard à fleurs d'or, d'argent & de soye de diverses couleurs, avec des campanes

M. ij.

de point d'Espagne d'or. Un Lit magnifique d'Espagne d'or mêlé d'un peu de soye se voit dans la dernière chambre dont on a parlé. Il est placé sur une estrade d'ouvrage de raport ornée de compartimens de feüillages & de fleurs ; mais couvertes d'un grand tapis de Perse à fond d'or.

En Eté deux tableaux d'un prix inestimable peints par Raphaël sont dans la même chambre. L'un au dessus de la cheminée vers l'Occident représente la Sainte Famille, & l'autre placé vis-à-vis est le Saint Michel. On les ôte quelquefois tous deux en hiver, & la chambre est alors enrichie de neuf autres tableaux d'excellens maîtres, parmi lesquels est l'Androméde du Titien à la place du Lit; Une Assomption & un Saint Sébastien peints par Annibal Carache sont placez de part & d'autre vis-à-vis les fenêtres; proche ceux-cy aux deux autres faces de la chambre, on voit d'un côté le concert de musique de cinq jeunes hommes peints par le Dominiquin, & au côté oposé le tableau où le Titien a peint une Vierge, Saint Jean & un autre Saint. Sur la cheminée, & vis-à-vis sont

de Versailles. 141

ceux où le même Peintre a représenté dans l'un J. C. qu'on met au tombeau, & dans l'autre la Consécration du pain faite par J. C. dans le Bourg d'Emaüs après sa résurrection: L'on voit audessus des deux portes les portraits des Reines Marie de Médicis & Anne d'Austriche Mere du Roy, peints par Wandex. Entre les deux fenêtres il y a un miroir avec une table d'agathe dessous, & l'on voit par tout, comme dans le reste de l'apartement, des guéridons dorez, des girandoles & des lustres de cristal de roche.

Enfin la derniére piéce apelée la chambre du trône paroît encore ornée plus magnifiquement que la précédente. L'une & l'autre néanmoins sont lambrissées de marbre d'égipte; mais celle dont il s'agit icy est tapissée en été d'un ouvrage si riche qu'on a peine à l'exprimer. *Chambre du Trône.*

De dessus le lambris qui n'a que la hauteur de l'apuy, l'on voit s'élever jusque sous l'architrave autour de la chambre dix-huit grands pilastres d'un tissu d'or posé sur des piédestaux tous bordez en cartisans de deux pouces de relief. Les pilastres disposez de simetrie sont apliquez en hiver sur un fond de velours rouge dont toute la chambre est alors tenduë, avec les quatre grands tableaux des travaux d'Hercule peints par le Guide & placez vis-à-vis les uns des autres à côté des portes. Deux tableaux de Wandeix, sçavoir le portrait de deux Princes Palatins, & une Vierge accompagnée de plusieurs figures de Saints & de Saintes sont dans le même temps sur ces portes. Vis-à-vis les fenêtres aux côtez du trône est à droit le tableau où Rubens a représenté la Reine Tomiris qui fait plonger la tête de Cyrus dans le sang: Et à gauche est Saint François d'Assise peint en extase par le Valentin.

Mais en été les intervales des mêmes pilastres d'or sont remplis par de grandes piéces de broderie d'or, d'argent & de soye d'un relief extraordinaire où l'on a représenté des festons, des vases remplis de fleurs, des trophées d'armes, des chiffres & des devises du Roy, de jeunes Amours & des figures de Femmes

de Versailles. 145

assises comme à l'entrée de plusieurs pavillons avec des attributs qui servent à les distinguer. Le nud des figures est d'argent ciselé, & les draperies sont brodées d'or, d'argent & de soye.

Quelques-unes des figures expriment la gloire qui s'acquiert par les armes & par les sciences. D'autres figures représentent Mars & la Paix; la Richesse avec l'Abondance, la Vertu militaire; Minerve avec l'Immortalité. Une derriére le Trône est la Victoire figurée par une autre Femme qui a des aîles au dos, & qui porte en ses mains une palme & une couronne de laurier. Le dais du trône où l'on voit dans un ovale la Renommée en l'air avec deux trompettes à sa bouche est travaillée de même que le reste; mais avec moins de relief, aussi bien que le grand tapis de pied qui couvre toute l'estrade, & que deux autres tapis qui servent de portiéres.

Le Soleil fait le sujet principal des peintures du plafond de cette chambre: Et comme la magnificence & la magnanimité conviennent aux Héros que cet astre domine, ces vertus se trouvent exprimées dans quatre grands tableaux par des sujets tirez de l'histoire. Le tableau de la face vers l'orient, représente Coriolan au moment que sa mere le fléchit & l'empêcha d'exercer sur Rome une vengeance que cette Vile s'étoit attirée.

Dans le tableau audessus des fenêtres on a peint Alexandre qui rend à Porus tous ses Etats, touché de l'infortune & du courage extraordinaire de ce Roy des Indes. C'est par ces exemples mémorables qu'on a crû devoir exprimer les marques que le Roy donne si souvent de sa magnanimité.

Les deux autres sujets qui représentent Auguste & Vespasien, dont l'un fait bâtir le port de Misêne, & l'autre l'amphiteâtre de Rome apelé le colisée, ont raport à la magnificence des bâtimens de Sa Majesté; entre lesquels le port de Rochefort qu'on a voûlu particuliérement désigner ici par celuy de Misêne, surpasse ce que les Romains ont jamais fait de plus somptueux en ce genre.

Huit figures de femmes & plusieurs têtes d'enfans ailez tous de rélief,

aux

aux extrémitez & au dessus des bordures de ces quatre tableaux terminez par le haut en portion de cercle, soûtiennent une grande bordure ronde d'où pendent divers festons. Ces ouvrages de sculpture sont dorez de même que toute la corniche: Et au milieu de la bordure ronde qui occupe la partie la plus élevée du plafond on a peint le Soleil jeune, & tout éclatant de lumière. Il paroist sur son char accompagné de plusieurs figures de femmes qui représentent les saisons de l'année, la magnificence & la magnimité. La France s'y trouve aussi figurée par une autre femme qui semble joüir d'un plein repos à cause des soins que le Roy représenté icy sous l'image du Soleil prend continuellement à rendre ses peuples heureux. Voilà quel est le principal sujet de ces peintures. Dans les encoignûres du plafond il y a des figures assises sur des globes. Elles désignent les quatre parties du monde par l'air de leur visage, par leurs vêtemens, par divers attributs & par des figures qui représentent les principaux fleuves de la terre. Et dans les mêmes angles sont quatre femmes aîlées avec des trompettes à leur bouche & une banderole des armes du Roy dans leurs mains, afin d'exprimer la renommée des actions glorieuses de S. M. répanduës dans tout le monde.

Au-delà de cette derniere chambre du grand apartement du Roy l'on trouvoit autrefois dans la face du château neuf vers l'occident trois autres piéces dont il est parlé dans l'ancienne description, & qui devoient être embellies aussi de peintures.

La premiére étoit un grand cabinet du conseil. On l'avoit déja orné de divers tableaux qui sont placez à présent dans la sale des gardes du grand apartement de la Reine, & dont le sujet principal est Jupiter accompagné de la piété & de la Justice, ainsi que nous le ferons connoître plus particulierement en parlant de cette sale des gardes.

Les ornemens des deux autres piéces qui étoient jointes alors à ce cabinet ne furent point achevez. Dans l'une l'on devoit représenter au milieu du plafond Saturne sur son char tiré par deux dragons aîlez & accompagné de quelques femmes qui eussent marqué la prudence & le secret qu'on auroit encore plus particulierement désignez par des exemples fameux tirez de l'histoire ancienne. Car entr'autres on eût représenté Auguste dans son cabinet appliqué luy-même à examiner les revenus & à régler les dépenses de la République romaine, pour faire connoître que le Roy par le bon ordre de ses finances n'a pas peu contribué à la félicité de son regne, qu'on ne peut mieux comparer qu'aux dernières années de celuy d'Auguste.

Pour le dernier cabinet comme il regardoit l'apartement de la Reine, dont l'apartement du Roy étoit alors séparé de ce côté par une terrasse pavée de marbre, & ornée de fontaines au milieu de la face occidentale du château : dans ce dernier cabinet, dis-je, on s'étoit proposé de peindre Vénus avec les accompagnemens qu'on a vûs dans la Salle proche du grand eschlier.

Qui ne connoît pas à présent tout ce qu'un dessein de peintures si vaste & si heureusement projetté offre d'ingénieux & de beau. Le Soleil qui est le corps de la devise du Roy, & le nombre des piéces de chacun des deux grands apartemens engagèrent à y figurer les sept planettes. L'éclat extraordinaire des actions de Sa Majesté a fait trouver l'art de les exprimer dans son apartement par des images comparables à ces traits d'une éloquence sublime dont les orateurs se servent pour remplir l'esprit, des idées les plus nobles & les plus surprenantes.

Une grande galerie & deux salons magnifiques occupent ensemble aujourd'huy dans toute l'étenduë de la face occidentale du Château neuf, la place des trois piéces qu'on a retranchées du grand apartement du Roy, dont nous venons de parler, la place de la terrasse pavée de marbre, & celle de trois piéces qui ont esté aussi retranchées de l'apartement de la Reine.

La grande Galerie, & les deux salons.

Le salon le plus proche de l'apartement du Roy est apelé le salon de la guerre. Il a trente-trois pieds de chaque côté. La galerie sur une largeur pareille, contient plus de deux cens vingt pieds de longueur jusqu'à l'autre salon vers le midy proche de l'apartement de la Reine. On nomme celui-cy le salon de la

de Versailles. 149

paix. Il n'est pas moins grand que le premier. Ils ont chacun trois fenêtres à l'occident & trois en face de l'ouverture d'une grande arcade qui leur sert d'entrée à chaque extrémité de la galerie.

Dans le salon de la guerre entre la porte de l'apartement que nous avons décrit, & une porte feinte remplie de glaces de miroir qui fait simetrie avec la véritable, on a représenté le Roy à cheval par un bas-relief ovale, bordé de marbre, & de douze pieds de hauteur, élevé au dessus du chambranle d'une cheminée feinte. Deux captifs liez de festons de fleurs aux côtez de l'ovale sont assis au haut du chambranle : Et il y a une couronne royale & deux renommées qui tiennent des trompettes de part & d'autre au dessus de la bordure. Un bas-relief particulier placé en bas dans l'ouverture feinte de la cheminée représente une femme assise qui écrit l'histoire du Roy, & qui est accompagnée de divers génies exprimez par des enfans ailez : & tous ces ornemens de sculpture sont dorez, ainsi que plusieurs trophées d'armes,

N iij

des masques, des festons & d'autres ouvrages semblables faits les uns de stuc dans l'entablement & dans le plafond; & les autres de bronze entre les fenêtres, au haut des portes qu'on vient d'observer, & des deux portes feintes remplies de glaces de miroir aux côtez de l'arcade qui sert pour entrer dans la galerie.

Quatre grands guéridons soûtiennent chacun dans les encoignûres du même salon une girandole de cristal de roche. Six bustes sont élevez sur des escabellons contre les tremeaux des fenêtres & proche de l'entrée de la galerie. Les têtes de ces bustes sont de porphire, & les draperies de bronze doré : & trois vases dont deux sont de porphire, & le plus grand de marbre gris artistement travaillé, se trouvent posez sur des socles du côté de l'apartement.

Le salon de la paix est meublé & décoré à peu près de la même manière : mais y a-t'il quelque endroit où la magnificence des ornemens paroisse avec autant d'éclat que dans la galerie ? Elle est toute parquetée de menuiserie & lambrissée de marbre de même que les salons.

Quatre colonnes placées au dedans de la galerie devant un pareil nombre de pilastres embellissent ses entrées, & sont accompagnées dans les mêmes faces de huit autres pilastres séparez par des piedestaux où l'on a élevé quatre statuës antiques de marbre blanc. Le Bacchus du Louvre & la Vénus envoyée de la vile d'Arles sont vers le septentrion proche le salon de la guerre. Et au bout oposé proche le salon de la paix, il y a des figures de femmes couvertes de vêtemens; l'une est couronnée d'étoiles, & l'autre auprés de laquelle est un autel alumé représente une Vestale.

A l'égard des deux grandes faces de la même galerie, quarante-huit pilastres semblables aux précédans, c'est à dire tous de marbre, enrichis de bases & de chapiteaux de bronze doré, sont disposez avec beaucoup de simetrie, dans les intervales de trente-quatre arcades d'égale grandeur qui se répondent les unes aux autres. Les arcades du côté de l'occident sont autant d'ouvertures de fenêtres: Et toutes les arcades oposées sont remplies de glaces de miroir, qui font paroître la galerie double & comme percée de toutes parts. A chaque côté de la galerie l'arcade la plus proche de chacune des extrémitez est séparée des autres par un intervale, où sur un escabellon de marbre dressé entre deux pilastres on voit un buste antique dont la tête est de porphire & le reste d'agathe. De pareils intervales se trouvent ainsi ornez au delà de trois des arcades suivantes; & deux intervales plus larges qui divisent les neuf arcades du milieu de chaque face de la galerie, ont dans de grandes niches des statuës antiques de marbre blanc des plus estimées; l'une qu'on apelle la Diane d'Ephese est placée à l'orient avec une autre statuë antique de femme tres bien conservée, aportée de Tripoli il y a peu d'années, & qui représente la pudicité. L'on voit vis-à-vis à l'occident la statuë qu'on nomme le Germanicus, & une Vénus qu'on peut comparer à la Vénus de Medicis.

Seize grands guéridons servent à porter des girandoles de cristal de roche aux côtez de ces statuës & des quatre autres qu'on a remarquées aux deux bouts de la galerie. Il y a douze tables d'agathe & d'albâtre

de Versailles. 155

portées par des pieds dorez & enrichis de sculpture audevant des niches & des huit autres intervales des grandes faces. Et environ soixante vases de porphire & d'albâtre oriental de différentes figures & de grandeurs extraordinaires se trouvent rangez avec encore quantité de girandoles de cristal, les uns sur les tables, d'autres dessous, & le reste sur des socles proche les pilastres & audevant des arcades remplies de glaces de miroir, excepté de celles où l'on a pratiqué des portes : car plusieurs de ces arcades servent à passer dans le premier petit apartement ou Roy : Entr'autres les trois du milieu qui s'ouvrent de toute leur hauteur pour entrer dans le salon principal de ce même apartement.

Il est vray qu'à la place de la plûpart des meubles que nous venons de raporter, la galerie, ses deux salons, & le grand apartement du Roy étoient remplis autrefois d'une infinité d'ouvrages d'orfévrerie qu'on n'y trouve plus aujourd'huy : car sans parler d'un grand nombre de Figures & de Statuës d'argent ; combien y avoit il de quaisses d'orangers, de bassins & de corbeilles d'argent, de brancards, de tables, de bancs de dix à douze pieds de longueur, d'autres sieges ou tabourets? Combien de balustres, d'escabellons, de torcheres, de guéridons, de cassolettes, de girandoles, de cuvettes, de seaux, de buires, de braziers, de chandeliers? & des candelabres d'un tel poids que tous suspendus qu'ils étoient, il y en avoit que les hommes les plus robustes ne pouvoient faire mouvoir avec toute l'activité & la pesanteur de leur corps. Dans ces ouvrages l'excellence du travail surpassoit même la matiére: Cependant à considérer le seul prix de l'argent qui montoit à la valeur de plusieurs millions d'or, on pouvoit dire qu'il n'y avoit point ailleurs de richesse semblable.

La magnificence du Roy & sa sage prévoiance avoient formé ce trésor dans l'abondance d'une paix qui combloit ses sujets de toutes sortes de biens. Durant la derniére guerre Sa Majesté a répandu libéralement dans le sein de l'état un amas si précieux de richesses; exemple que la

de Versailles.

postérité proposera quelque jour aux princes qui s'efforceront d'imiter la conduite & les vertus héroïques du Roy.

Quoique tant d'ouvrages d'orfévrerie fussent admirez : cependant aujourd'huy que quantité d'excellens ouvriers pourroient aisément en refaire de semblables, & peut-être encore de plus merveilleux ; tout ce qu'on voit d'agathe, d'albâtre, de serpentin, de porphire & de cristal de roche dans la galerie, dans ses salons & dans les apartemens, semble d'un prix beaucoup plus considérable, soit qu'on ait égard à la rareté de ces pierres orientales, soit que par leur dureté extraordinaire on juge de la difficulté qu'il y a eu à former tous les vases & tous les excellens bustes de porphire qui ont été remarquez.

Mais qu'on ne regarde si l'on veut dans la galerie que ce qui la rend recommandable par elle-même, je veux dire son architecture magnifique, ses lambris de marbre, le bronze, l'or & la sculpture de divers ouvrages dont nous n'avons point encore parlé ; car outre les chapireaux des colonnes & des pilastres ornez de palmes, de couronnes & de têtes d'Apollon: outre une infinité de grandes roses de bronze doré qu'on voit sous les ceintres des arcades, il y a sur les clefs de leurs bandeaux aux unes des dépouïlles de lion disposées en maniére de festons, & aux autres des têtes d'Apollon couronnées de laurier avec des guirlandes de fleurs & de fruits.

Des armes & des trophées en basrelief aussi de bronze doré sont apliquez devant les lambris au haut des intervales des pilastres qu'occupent les bustes & les statuës antiques.

L'entablement dont l'ordre d'architecture est couronné se trouve encore enrichi de sculptures dorées qui représentent des chiffres & des devises du Roy, des coliers des Ordres de saint Michel & du saint Esprit, des couronnes royales & divers simboles particuliers à la France. Vingt-quatre trophées d'armes sont rangez le long des grandes faces de la galerie sur la corniche de l'entablement: Et c'est delà que la voûte éclairée par derriére les vo-

de Versailles.

phées s'éléve en forme de berceau.

Il y a sept grands tableaux environnez de bordures dorées. Celuy du milieu terminé par deux demi cercles occupe toute l'étenduë du cintre de la voûte sur une largeur d'environ vingt pieds; aussi le peintre s'en est servi pour y renfermer deux différents sujets qu'il a trouvé l'art d'unir d'une manière très-ingénieuse.

Au-dessus des trois portes du salon du petit apartement dans la partie orientale du tableau, on voit l'image auguste de la personne du Roy. Ce monarque representé comme à la fleur de sa jeunesse paroît sur son trône sous un riche pavillon. Il est vêtu d'un habit à la romaine couvert d'un manteau royal, & tient en main un gouvernail pour marquer la conduite qu'il prend déja luy-même de ses états.

La France & la tranquilité semblent assises du même côté. La première foule à ses pieds la discorde. La seconde soûtient sa tête d'un bras & montre de l'autre main une grenade qui est le symbole de l'union des peuples. L'himenée éclaire

Peintures de la galerie.

Le Brun.

la France avec son flambeau. Une femme à demi couchée s'apuye sur une urne, d'où il sort de l'eau avec des fleurs & des fruits pour désigner la fertilité des bords de la rivière de Seine dont la ville capitale de ce royaume est arrosée. Parmi quantité d'autres figures qui environnent le trône du Roy, on voit les trois graces debout à l'un de ses côtez & plusieurs enfans au bas du marchepied. Ceux-cy expriment en différentes manières les jeux, les ris, la danse, la musique, la chasse, les carousels : en un mot, toutes les fêtes & tous les divertissemens dont la cour étoit occupée, dans le temps du mariage du Roy que la figure de l'himenée sert à désigner.

Sa Majesté quoiqu'au milieu de tant de plaisirs ne paroît attentive qu'aux conseils de Mars & de Minerve qui sont icy les images de sa prudence & de sa valeur. Tous deux luy montrent une couronne d'or enrichie d'étoiles que la gloire fait briller du haut du ciel. Le monarque tout transporté & animé de l'ardeur d'un jeune héros aspire à cette couronne avec assûrance de la posſé-

de Versailles. 139

feder bien-tôt. Car voilà en peu de paroles ce que le peintre s'est efforcé d'exprimer d'une façon allégorique par les figures de Jupiter, de Junon, de Neptune, de Pluton, d'Hercule, de Cérès, de Vulcain & de Diane qu'on voit dans le ciel du tableau, & qui semblent offrir leur secours au jeune prince. Le temps même representé par Saturne qui léve un côté du pavillon dont le trône du Roy est couvert paroît surpris de joye & d'étonnement à l'aspect de ce héros. Le soleil sur son char hâte sa course pour éclairer les jours glorieux qui luy sont marquez par le temps : Et Mercure semble voler avec la même vîtesse pour annoncer de si beaux jours à toute la terre.

Quant à la partie occidentale du tableau, on y voit trois figures de femmes superbement parées; l'une est l'Allemagne portée par un nuage. Une couronne impériale environne son front & l'aigle romaine se tient auprés d'elle. Des deux autres femmes celle du côté droit représente l'Espagne. Elle s'appuie sur un lion qui devore un Roy des Indes étendu sur des trésors. L'ambition exprimée par une figure qui paroît executer ses ordres, met le feu à des palais & arrache la couronne d'un prince qu'elle a terrassé. Pour la dernière femme assise à main gauche de l'Alemagne, un lion peint avec sept flèches, à côté d'elle fait connoître que c'est la Holande. Elle tient à la main un trident, & une longue chaîne où Thétis est liée. Auprès delà, comme au long d'un grand rivage sont quantité de vaisseaux. On décharge les uns, l'on équipe les autres: Et toutes ces choses marquent combien cette république avoit acquis d'empire sur la mer. L'audace & la présomption semblent imprimées dans les traits de son visage; en même temps que l'ambition démesurée de la maison d'Autriche se fait connoître par les regards & par la fiére contenance des figures qui representent l'Allemagne & l'Espagne.

Dans le milieu du tableau une grande étenduë de ciel sépare au haut de la voûte de la galerie, les deux sujets particuliers qu'on vient de décrire. C'est-là que Mercure est peint seul avec son caducée à la main,
comme

comme s'il vouloit faire Sçavoir la résolution que le Roy prend en un âge fort jeune de gouverner luy-même ses états, nonobstant ce qui paroît de l'autre côté s'opposer aux desseins de ce grand monarque. Le voilà de quelle manière le peintre a sçû unir deux sujets si différents; Leur explication est marquée au bas de chacun dans des cartouches dorez posez sur la corniche du grand entablement. L'inscription du premier sujet contient les paroles suivantes.

LE ROY PREND LUY-
MESME LA CONDUITE
DE SES ESTATS, ET SE
DONNE TOUT ENTIER
AUX AFFAIRES. 1661.

Et l'inscription de l'autre sujet est conçuë en ces termes.

L'ANCIEN ORGUEIL DES
PUISSANCES VOISINES
DE LA FRANCE.

Il seroit trop long de décrire les autres grands tableaux, & deux sujets non moins considérables qui occupent dans les faces des deux bouts de la galerie les demi cercles formez au-dessus de l'entablement par le berceau de la voûte. Il est à propos seulement de faire connoître ici de quelle manière toutes ces compositions de peinture avec dix-huit petits tableaux & divers autres ornemens peints ou dorez, décorent ensemble toute l'étenduë de la longueur de ce berceau.

Le peintre a feint plusieurs arcades enrichies d'or. On n'apperçoit qu'une partie de leur ouverture. Le reste est caché par des tapisseries que des victoires & des satires soûtiennent vers le salon de la guerre, ou par des trophées que des enfans ailez ornent de guirlandes de fleurs vers le salon de la paix ; tandis que du même côté des satires accompagnent encore des victoires dont les unes déployent divers étendards remportez sur les ennemis de la France, & les autres écrivent sur le bronze les conquestes du Roy.

On voit aussi dans l'architecture feinte douze avantcorps. Des termes de bronze y soûtiennent des frontons brisez, & répondent aux pilastres d'enbas. Une ovale & un cartouche joints ensemble se trouvent au milieu de chaque avantcorps. Des sujets particuliers de l'histoire du Roy, peints de couleurs naturelles remplissent les ovales: Et les inscriptions qui servent à les expliquer sont dans les cartouches. Des guirlandes de fleurs pendent du haut des frontons, ou des corbeilles sont remplies de ces mêmes fleurs. Elles s'unissent à des guirlandes faites de sculpture que des enfans tous de relief attachent de part & d'autre de ces avantcorps autour des vingt-quatre trophées, dont l'entablement est chargé le long des deux grandes faces: & comme ces avantcorps ont leurs frontons brisez en manière de rouleaux, il y a au milieu de chaque fronton une tête de faune ou de satire & sur chaque rouleau un enfant couché peint au naturel. Enfin tous ces ornemens disposez en face les uns des autres sont séparez à droit & à gauche par les sept grands tableaux & s'unissent aux six petits tableaux qui restent à distinguer sous la clef de la voute. Ceux-cy coupez sans en forme d'œ togone ont un fond d'or, des figures & des inscriptions d'azur, & des bordures dorées enrichies de sculpture de même que les grands. Aux deux bouts du berceau l'on voit sous la clef deux de ces bordures octogones plus longues que larges peintes de couleur d'or. Elles ne sont point du nombre de celles dont on a parlé; & les figures qui s'y rencontrent sont comme jointes à celles des deux grands sujets de peintures dont tout le haut des plus petites faces de la galerie est embelli.

Il est facile à présent de marquer la situation & l'étenduë des grands tableaux. Ils ont tous la même largeur que celuy que nous avons entiérement décrit; les deux plus proches des extrémitez de la voûte occupent sur cette largeur toute l'étenduë du berceau, & sont terminés par des demi cercles soûtenus de part & d'autre sur la corniche. Et là des cartouches en forme de trophées accompagnez d'enfans, de sphinx & de grifons, contiennent l'explication des sujets de peinture. A l'égard des quatre derniers tableaux qui sont entre ceux-cy & celuy du milieu,

de Versailles.

ils n'ont que la moitié de sa grandeur. Ils sont arrondis par le haut vers la clef de la voûte, & séparez par de gros cordons dorez ornez de fûilles qui regnent entre deux le long de la clef avec divers trophées d'armes peints de couleur d'or; & qui vont vers les octogones les plus proches se joindre à quatre petites bordures rondes remplie chacune de la devise du Roy.

Qui peut exprimer la varieté & la beauté de tant d'ouvrages excellens ? Mais quel discours suffiroit seulement pour donner une connoissance exacte des compositions de peinture renfermées tant dans les grands tableaux que dans les octogones, & dans les ovales. Les sujets que ces peintures representent sont tous distinguez par des inscriptions qui les accompagnent : Les voicy suivant l'ordre des années qui y sont marquées. On lit,

Dans l'ovale à l'orient vers le midy, proche du grand tableau du milieu.

L'ORDRE RETABLY DANS LES FINANCES, 1662.

2.

A l'octogone du bout vers le septentrion.
SOULAGEMENT DU PEUPLE PENDANT LA FAMINE, 1662.

3.

A l'octogone vers le midy.
ACQUISITION DE DUNKERQUE, 1662.

4.

Dans l'ovale à l'occident vers le septentrion.
LA PRÉEMINENCE DE LA FRANCE RECONNUE PAR L'ESPAGNE, 1662.

5.

Dans l'ovale à l'occident vers le septentrion, proche du grand tableau du milieu.
RÉTABLISSEMENT DE LA NAVIGATION, 1663.

6.

Dans l'ovale en face de celle du premier sujet.
PROTECTION ACCORDÉE AUX BEAUX ARTS, 1664.

de Versailles.

7.
Dans l'ovale du bout à l'orient
vers le midy.
RENOUVELLEMENT D'AL-
LIANCE AVEC LES SUISSES,
1663.

8.
Dans l'ovale du bout à l'occident
vers le septentrion.
REPARATION DE L'AT-
TENTAT DES CORSES,
1664.

9.
Dans l'ovale en face de celle du
quatrième sujet.
DEFAITE DES TURCS
EN HONGRIE PAR LES
TROUPES DU ROY, 1664.

10.
A l'octogone du bout vers le midy.
LA POLICE ET LA SEURETÉ
RETABLIES DANS PARIS,
1665.

11.
Dans l'ovale en face de celle du
sixième sujet.
LA HOLLANDE SECOURUE
CONTRE L'EVESQUE DE
MUNSTER, 1665.

12.

A l'octogone vers le septentrion, proche du grand tableau du milieu.

GUERRE CONTRE L'ESPAGNE POUR LES DROITS DE LA REINE, 1667.

13.

Dans l'ovale en face de celle du cinquiéme sujet.

REFORMATION DE LA JUSTICE, 1667.

14.

A l'octogone vers le midy, proche du grand tableau du milieu.

PAIX FAITE A AIX LA CHAPELLE, 1668.

15.

Le grand tableau à l'occident vers la midy, proche de celuy du milieu a raport à cette inscription.

RESOLUTION PRISE DE CHASTIER LES HOLLANDOIS, 1671.

16.

Le grand tableau à l'occident vers le septentrion est ainsi expliqué.

LE ROY ARME SUR MER ET SUR TERRE, 1672.

17.

Le grand tableau en face du précédent a l'inscription suivante.

LE ROY DONNE SES ORDRES POUR ATTAQUER EN MESME TEMPS QUATRE DES PLUS FORTES PLACES DE LA HOLLANDE, 1672.

18.

Des deux grands sujets peints au haut des faces des extrémitez de la galerie, celuy vers le septentrion a cette explication.

LIGUE DE L'ALLEMAGNE ET DE L'ESPAGNE AVEC LA HOLLANDE, 1672.

19.

Le grand tableau du bout vers le septentrion contient deux autres sujets, l'un à l'orient énoncé dans l'inscription que voici.

PASSAGE DU RHIN EN PRESENCE DES ENNEMIS, 1672.

20.

Et l'autre à l'occident exprimé par ces mots.

PRISE DE MASTRICH EN TREIZE JOURS, 1673.

21.

Le grand tableau en face de celuy du seiziéme sujet est ainsi expliqué.

LA FRANCHE-COMTE' CONQUISE POUR LA SECONDE FOIS, 1674.

22.

Dans l'ovale à l'Orient vers le midy on lit.

ETABLISSEMENT DE L'HOSTEL ROYAL DES INVALIDES, 1674.

23.

Le grand tableau du bout vers le midy contenant deux sujets, l'un à l'orient a cette inscription.

PRISE DE LA VILE ET CITADELLE DE GAND, EN SIX JOURS, 1678.

24.

Et l'autre sujet à l'occident représente

LES MESURES DES ESPAGNOLS ROMPUES PAR LA PRISE DE GAND.

25.

Le grand sujet peint au haut de la face de l'extrémité de la galerie vers le midy est conforme au sens de ces paroles:

LA HOLLANDE ACCEPTE LA PAIX ET SE DETACHE DE L'ALLIANCE DE L'ESPAGNE, 1678.

26.

A l'octogone vers le septentrion, on voit

LA FUREUR DES DUELS ARRESTE'E.

27.

Dans l'ovale en face de celle du septiéme sujet, on a representé

LA JONCTION DES MERS.

28.

Enfin à l'ovale vis-à-vis celle du deuxiéme sujet, on lit,

AMBASSADES ENVOYE'ES DES EXTRE'MITEZ DE LA TERRE.

L'on juge assez par le nombre de ces tableaux & par la grandeur des sujets qu'on y a representez qu'il faudroit employer un volume particulier pour en faire une description exacte. C'est pourquoy aprés ce qui a esté dit du principal tableau de cette galerie, par lequel on peut juger de la beauté des autres, je me contenteray de faire connoître en peu de mots ce que le même peintre qui les a faits a encore représenté avec le même art & le même sçavoir au haut des deux salons.

Les Salons. Dans la coupe du salon de la guerre proche de l'apartement du Roy, l'on a peint la France portée par des nuages. Elle a un casque sur la tête. Sa robe couverte d'un corps de cuirasse est de couleur de pourpre, & son manteau est bleu semé de fleurs de lis d'or. Elle porte un bouclier où le portrait du Roy est peint avec une couronne de laurier autour du front : Et de l'autre main elle lance un foudre. Deux figures de femmes peintes avec des aîles au dos & en des attitudes toutes différentes qui marquent beaucoup d'action & de mouvement, sont autour de la France : Les unes portent des étendarts, & d'autres dépoüilles des ennemis avec les écussons & les armes de plusieurs viles conquises; D'autres ont des palmes & des couronnes; & quelques unes tiennent en leurs mains des tableaux où l'on a représenté les Allemans chassez au delà du Rhin, ainsi qu'il est exprimé par les inscriptions qu'on y lit. Bellone en fureur sur son char tiré par deux chevaux, est peinte sous la coupe du salon du côté des appartemens. Elle renverse tout ce qui s'opose à son passage & répand le feu & l'horreur de toutes parts. Et dans les trois autres côtez de la voûte du même salon il y a trois figures de femmes épouvantées. Elles désignent les puissances qui se sont si souvent & si vainement liguées ensemble contre la France, que la valeur du Roy a toûjours renduë victorieuse de ses ennemis.

Dans l'autre salon vers l'apartement de la Reine apelé le salon de la paix, la France est peinte assise dans un char d'argent sur un globe d'azur. Elle a les cheveux blonds, une couronne royale est sur sa tête. D'une main elle tient le sceptre; & de l'autre main elle s'apuye sur son bouclier chargé de trois fleurs de lys d'or. La paix qui semble partir aux ordres de la France tient un caducée. Quatre tourterelles attellées à son char sont conduites par des amours. Elles ont des médailles où d'un côté les armes de France & celles de Baviere désignent le mariage de Monseigneur, & de Madame la Dauphine, & de l'autre côté les armes d'Espagne & celles de Monsieur Frere unique du Roy marquent le mariage de Charles II. Roy d'Espagne avec Mademoiselle. Des festons & des guirlandes ornent le char, & des fleurs sont semées sur des nuages où le char est porté. Entre plusieurs enfans, il y en a un qui tient un flambeau allumé pour figurer l'hymen. Trois femmes couronnées de fleurs luy mettent une couronne aussi de fleurs sur la tête, & un amour qui vole au dessus de l'hymen semble luy amener deux tourterelles qui par des armes marquent le mariage du Duc de Savoye avec Mademoiselle de Valois sœur de la Reine d'Espagne. Diverses autres figures représentent dans la même coupe, l'immortalité, la religion, la pieté, l'innocence, la concorde, l'abondance & la félicité des peuples.

Plus bas sur la corniche au dessus des fenêtres vers le midy, l'Allemagne apuyée sur un globe qui désigne l'Empire, est exprimée par une femme vêtuë de pourpre avec un corps de cuirasse, & un grand manteau de drap, d'or. Elle reçoit une branche d'olivier en signe de paix, & en même tems une branche de laurier pour les victoires qu'elle a remportées sur les infidéles dont elle fait offrir par ses peuples les dépoüilles à la religion.

L'Espagne est figurée vis-à-vis, au-dessus de l'entrée de la gallerie. Elle a les cheveux noirs, une couronne Royale sur sa tête, & un vêtement brodé d'or enrichi de diamans & de perles. Pour la Hollande peinte du côté de l'occident vis-à-vis l'apartement de la Reine, elle est vétuë d'une robe de drap d'argent, & d'un manteau de drap d'or à fleurs bleües; & elle a une couronne ducale. L'une & l'autre reçoivent chacune un rameau d'olivier qui leur est presenté par des amours : & les peuples autour d'elles marquent leur joye, les uns par des feux, & les autres en quittant les armes pour reprendre leurs occupations ordinaires dans le commerce.

Du côté de l'apartement de la Reine, une femme vétuë d'un habit violet, & d'un manteau rouge rompu de jaune à fleurs bleües, est assise sur diverses armes turques. C'est L'Europe. Elle a un casque sur la

tête, en sa main droite une thiare &
en sa gauche une corne d'abondance
remplie de fruits. La justice & la
pieté l'accompagnent avec les génies
des arts & des sciences : & un temple dont les colonnes semblent être
faites d'émeraudes paroît dans le
lointain du même tableau, sous lequel est la cheminée du salon, & à
côté de cette cheminée une des portes
de l'apartement de la Reine qu'occupe
Madame la Duchesse de Bourgogne.

Le grand apartement de la Reine occupé par Madame la Duchesse de Bourgogne.

Cet apartement est le seul qui nous
reste à considérer. Il y a quatre grandes piéces peintes. La première est
la sale des gardes : Pour l'aller voir
il faut par une des portes de la grande galerie passer dans la chambre des
ballans que nous avons remarqué
dans le premier ou petit apartement
du Roy : Et de là, après avoir traversé l'antichambre, la salle des gardes & le vestibule du même apartement de Sa Majesté, le palier du
petit escalier de marbre conduit vers
le midy, comme il a déja été dit, à l'a-
partement de la Reine ; & premiére-
ment dans la sale des gardes. Elle est
toute pavée & lambrissée de compartimens de marbre. La corniche & les

ornemens de sculpture de cette sale sont dorez: & la voûte audessus de la corniche est enrichie des peintures que nous avons remis à décrire ici, & qui avoient esté destinées pour orner dans le grand apartement du Roy, l'une des trois pieces qu'on en a retranchées, quand on fit la grande galerie & les deux salons.

Deux tableaux particuliers qu'il faut expliquer d'abord, sont placez sous la corniche dans des bordures de marbre verd & blanc ornées de festons de fleurs. Le plus grand est du côté de l'orient. Le peintre y a représenté la naissance de Jupiter fils de Saturne & de Rhée. C'est-là que Saturne avec des aîles au dos, & assis au haut d'une montagne qui n'est autre que le mont Ida, paroît dévorer la pierre envelopée de linge que Rhée luy fit présenter au lieu de son enfant, lors qu'elle fut accouchée de Jupiter. Rhée est assise contre un arbre au bas de la montagne. Son habit est blanc & son manteau bleu. Jupiter nouvellement né est entre ses bras. Elle a de la beauté, & l'on remarque sur son visage quelque sorte de crainte mêlée d'espérance.

Une autre belle femme debout vêtuë d'un habit jaune rompu de blanc avec une manteau gris de lin, témoigne de la joye en recevant ce même enfant. C'est la nimphe Amalthée nourrice de Jupiter. Les Coribantes figurées par deux femmes rustiques, & les Curetes habitans du mont Ida désignez par deux hommes en cheveux courts & presque nuds, joüent tous ensemble de divers instrumens de musique champêtre. Ils s'efforcent par ce bruit d'empêcher Jupiter de crier, ou du moins que l'on n'entende sa voix. Et cependant leur mouvement inquiet & leurs démarches précipitées expriment leur empressement à s'éloigner avec ce jeune enfant du séjour de Saturne qui avoit résolu de dévorer tous ceux de sa race, soit qu'il l'eût promis à ses freres les Titans, soit qu'il apréhendât d'être dépossedé de l'empire de l'univers par quelqu'un de ses propres fils, comme il en avoit luy-même dépossedé son pére: soit plûtôt que par cette fable les Poëtes ayent eu dessein d'exprimer que le temps figuré par

Saturne détruit luy-même tout ce qu'il produit.

Le second tableau est vis-à-vis de celuy que l'on vient de décrire & placé audessus de la cheminée. On y a peint un sacrifice offert par des vierges à Jupiter sur le mont Ida. La statuë de ce Dieu élevée sur un piédestal le représente assis avec un sceptre, & un foudre en ses mains & son aigle auprés de luy. L'autel est rond orné en bas d'une autre figure d'aigle, & en haut de festons de fleurs retenus par des têtes de belier. Il s'éleve de la flâme du milieu de l'autel. Un sacrificateur debout vêtu d'une longue tunique blanche & d'une grande draperie bleuë qui pend de dessus sa tête verse du sel avec une patére ou petite assiette sur le feu. Il y a à terre proche de l'autel deux vases faits à l'antique; mais ce qu'il faut davantage considerer dans ce tableau sont six jeunes filles vêtuës différemment & en des attitudes différentes. Il y en a trois couronnées de fleurs. Celle qui est à genoux proche de l'autel offre du sel dans un bassin au sacrificateur. Deux autres sont debout de l'autre côté du sacrificateur, auquel une de ces deux jeunes filles présente un vase : & les trois plus éloignées & qui ne sont point couronnées de fleurs sont à genoux derriére l'autel, & proche de la statuë de Jupiter qu'elles semblent adorer & prier avec beaucoup de vénération & de respect. Des arbres remplissent le fond de ce tableau pour exprimer que c'étoit dans un bois que ce sacrifice se célébroit.

Quelques marques que le peintre ait données de son sçavoir dans les deux sujets dont on vient de parler, l'on peut dire néanmoins que ce n'est pas ce qu'il y a de plus considérable de luy dans cette sale. Les peintures qui remplissent toute la voûte méritent une attention plus particuliére. Au milieu & à l'endroit le plus élevé de cette voûte dans un grand tableau octogone, Jupiter est peint avec la majesté & la splendeur du dieu que les anciens estimoient être le maître souverain de toutes leurs autres déïtez. Il est debout dans un char d'argent. Deux aigles tirent le char, & un nuage le porte. Quatre jeunes enfans avec des aîles au dos & des fleurs en leurs mains volent autour pour exprimer ce que les astronomes apellent les quatre satellites dans la planette de Jupiter : Et cette planette est elle-même désignée icy par une belle femme qui est en l'air audessous du char. Six amours avec elle soûtiennent & étendent une guirlande de fleurs autour de deux signes célestes, qui sont le sagittaire & les poissons. Le peintre a peint dans le même tableau aux côtez du char la justice & la piété qui estoient les principaux attributs que l'on donnoit à Jupiter. Deux femmes représentent la justice, l'une celle qui punit les vices, & l'autre celle qui récompense les vertus : La première tient une hache d'armes liée dans un faisseau de verges & un amour auprés d'elle, porte des balances. Et la seconde femme répand une corne d'abondance remplie de toutes sortes de richesses, entre lesquelles un petit enfant choisit un colier de perles & des pieces de monnoye qu'il montre à un autre enfant. Du même côté audessous des figures précédentes, il y a encore un enfant avec une épée nuë à la main. Il poursuit la violence & la fraude figurées, la première par une femme en fureur dont les regards sont affreux & qui tient un poignard ; & la dernière par une autre femme dont on ne peut voir le visage, & qui montrant un beau masque foule & brise sous elle des balances & des tables où des loix sont écrites. La piété est figurée de l'autre côté du char de Jupiter. C'est une femme qui a des aîles au dos, une flâme sur la tête, & en sa main droite une corne d'abondance. Deux enfans à genoux auprés d'elle prient devant un autel allumé, & un autre avec une épée nuë à la main poursuit l'impiété représentée par une femme qui veut brûler un pelican simbole de la piété des péres envers leurs enfans, & des princes envers les peuples.

Le peintre pour mieux faire connoître son principal dessein a figuré dans quatre autres grands tableaux de cette même voûte, deux des actions les plus mémorables de justice, & deux actions des plus illustres de piété dont l'histoire ancienne a conservé la mémoire, & ausquelles plusieurs d'entre tant d'exemples que le Roy a donné de ces mêmes vertus ont un raport particulier.

La premiére des deux actions de justice est celle qui se passa dans la Vile d'Athenes lors que Solon y établit ses loix. On a peint ce sujet dans le tableau qui est du côté du midy au-dessus des fenêtres. Tous ceux qui ont vû quelques portraits antiques de Solon le reconnoissent aisément ici par les traits de son visage, & par ses cheveux courts. Son habit est jaune, & son manteau rouge. Il est assis sous un portique contre une table autour de laquelle il y a plusieurs hommes debout assemblez comme à l'entrée d'un grand palais & proche une place publique. L'on découvre dans la place à côté du portique, & auprés d'un temple joint à plusieurs autres grands bâtimens diverses personnes apliquées à lire les loix de Solon qui sont affichées à un carefour. Ces mêmes loix sont écrites dans un papier étendu sur la table sous le portique. C'est entre tant d'hommes qui les considérent en ce lieu que le peintre a figuré des vieillards dont l'air grave & vénérable marque une grande expérience. Les actions de Solon font voir en lui beaucoup de sagesse & de modestie, & en même-tems une fermeté & une attention particuliére à répondre aux objections qui lui sont faites. Un des vieillards est vis-à-vis de lui de l'autre côté de la table. Il a un habit blanc & un manteau bleu, & il montre quelques articles des loix que Solon paroît lui expliquer. Un autre vieillard couvert d'un manteau de pourpre sur le devant du tableau parle à un homme qui est apuyé auprés de lui contre le siège de Solon. Il y a derriére eux un grand rideau d'étoffe verte qui cache une partie des colonnes du portique : Et plus loin vers l'extrémité de ce rideau, l'on voit encore un vieillard tout vêtu de blanc qui est debout derriére la table. Il écoute Solon & répond à un jeune homme qui aïant un bras apuié sur la table, montre avec beaucoup d'action quelque endroit des loix qu'un autre homme qui est derriére eux regarde aussi fort attentivement. Enfin toutes les figures de ce tableau ont des expressions différentes convenables au sujet que le peintre a voulu représenter, & qui a raport à un

exemple

de Versailles.

exemple semblable de justice que le Roy donna quand on publia les loix de son code. Sa Majesté voulut que les juges les plus sages & les plus éclairez de son Royaume les examinassent soigneusement: & après que le Roy les leur eut expliquées lui-même ; ces loix devenuës l'admiration de tant d'hommes expérimentez affermirent le bonheur que Sa Majesté a procuré à tous ses sujets par la justice.

Le tableau qui est à l'orient audessus de la naissance de Jupiter, représente l'empereur Trajan, lors que par une action de justice dont l'exemple est si souvent réïteré par le Roy, il donnoit des audiances publiques à tous ses peuples, & recevoit lui-même leurs requestes & leurs placets. Son portrait a été fait d'après ceux qui sont restez de lui tant sur les médailles, que sur les marbres antiques, & principalement sur les basreliefs de la colonne trajane, & de l'arc de Constantin. Une couronne de laurier lui environne le front, & son vêtement est d'étofe d'or relevé avec une ceinture qui est cachée par les plis du même vêtement sous un grand manteau de couleur d'écarlate, brodé d'or, & retenu par une agraphe sur l'épaule droite. Deux jeunes hommes portent le bas du manteau, & Trajan ainsi vêtu, & accompagné de plusieurs sénateurs, paroît sortir du sénat, & descendre sous un grand portique fait de marbre. Ce lieu est orné de colonnes d'ordre ïonique, dont les intervales laissent voir une partie de la garde prétorienne ou imperiale, qui est éloignée du prince, comme pour donner plus de liberté à chacun de s'aprocher de sa personne auguste. L'on découvre au delà les bâtimens d'un magnifique palais, & quelques édifices publics de l'ancienne Rome. Trajan tient des papiers en sa main droite, & de l'autre main il reçoit un placet qu'une dame romaine lui présente en s'inclinant avec respect. L'habit de cette dame est blanc & son manteau bleu. Deux femmes de sa suite sont debout derriére elle, & un homme qui a un genou en terre, regarde entre ces deux femmes l'action de la dame romaine dont il paroît être un des domestiques. Pour donner quelque éclat à la beauté & à l'air gracieux de toutes ces femmes, le peintre a représenté auprés d'elles, sur le devant de son tableau des hommes dont les traits forts, & la couleur bazanée marquent que ce sont des étrangers venus de loin implorer la clémence du prince, ou lui demander justice. Il y en a deux debout à l'extrémité du tableau la plus éloignée de Trajan. Leurs habillemens sont longs. L'un a un bonnet terminé en pointe comme les Phrygiens en portoient; & l'autre a une espéce de turban. Un autre homme avec un semblable turban qu'il a ôté de dessus sa tête est à genoux, & prosterné jusqu'à terre à la maniére des peuples orientaux. A côté de cet homme vers la porte du sénat, & presqu'aux pieds de Trajan un vieillard vêtu d'une grande draperie bleuë qui luy couvre la tête est aussi à genoux. Quantité d'autres hommes & d'autres femmes du même côté, & sur les degrez semblent, les uns s'aprocher pour avoir audiance, les autres se retirer aprés l'avoir euë; & plusieurs par curiosité regardent ce qui se passe, & ont les yeux principalement attachez sur la personne de leur prince qu'ils considérent avec une joye mêlée d'admiration.

A l'égard des deux exemples de piété, celuy qui est peint dans un grand tableau placé vers le septentrion du côté du petit escalier de marbre a été tiré de l'histoire romaine. C'est l'empereur Aléxandre sévère qui fait distribuer des bleds dans Rome pendant une extréme disete arrivée sous son regne en Italie. L'on a feint une grande place publique environnée de bâtimens trés somptueux & remplie par une affluence de peuples qui expriment la calamité qu'ils ont soufferte, & le soulagement qu'ils reçoivent par la piété de leur prince, qui luy-même est présent pour voir exécuter les ordres qu'il a donnez de les assister. Il est assis à l'entrée de son palais sur une haute tribune qui du milieu d'un grand intervale de colonnes s'avance dans un des côtez de la p'---. Plusieurs sénateurs sont debout autour de luy, & un licteur aussi debout tient la hache d'armes liée dans un faisceau de verges qui estoit la marque de la puissance souveraine parmi les anciens romains. Il y a proche de la tribune deux hommes à demy nuds chacun un genou en terre.

Entre plusieurs autres hommes les uns sont occupez à distribuer du bled, & les autres le reçoivent. Il y a parmy le peuple diverses femmes avec des enfans. Une femme trés-belle, qui a la gorge & l'épaule droite découvertes est assise proche les degrez du palais, à l'une des portes duquel il y a une autre femme étenduë à terre à demie morte de faim avec un enfant attaché à sa mamelle.

Il ne reste plus qu'un grand tableau à considerer dans la sale des gardes de Madame la Duchesse de Bourgogne dans l'apartement de la Reine. C'est celuy qui est à l'occident du côté de la cheminée audessus du sacrifice fait à Jupiter sur le mont Ida. Le peintre a représenté dans le fond de ce grand tableau, des temples, des palais, des théatres & des pyramides faites à la maniere de celles d'égipte, & qui en effet désignent icy la ville d'alexandrie. On voit tous ces édifices par des intervalles de colonnes, & dans un autre intervalle au milieu du tableau, il y a un grand tapis attaché avec des cordons aux colonnes mêmes, & au-dessus d'une tribune où un trône est élevé. Ptolomée philadelphe Roy d'égipte est représenté assis dans ce trône. Il a un habit bleu avec un manteau de drap d'or. Tout exprime dans cette figure, & dans la composition entière du tableau, la piété que ce prince fit éclater en faveur des Juifs, lorsque touché de la sainteté de leur religion par la version grecque que les Septante firent des livres sacrez, il ordonna qu'on délivrât & qu'on rachetât d'esclavage ce peuple chéri de Dieu. Ce sont plusieurs des Septante traducteurs Juifs qu'on voit debout sur la tribune, & entre ces hommes, il y a proche du trône un vieillard que Ptolomée paroît écouter avec quelque sorte de vénération. Parmi un concours de peuple qui est en bas dans la place publique, quelques hommes à genoux étendent les bras en action de grace de la liberté que Ptolomée leur accorde. Un homme debout couvert d'un manteau rouge a dans sa main droite une baguette dont il touche une femme qui a plusieurs enfans, & qu'il détachoit pas cette cérémonie qui étoit ordinaire parmy les anciens. De l'autre côté de la tribune un vieillard aussi debout, & vêtu d'une draperie bleuë affranchit encore quantité de Juifs par des billets qu'il leur distribuë, & dont il en présente un à une tres-belle femme qui est à genoux. L'on ne pouvoit guéres trouver dans l'histoire ancienne un sujet qui eût un raport aussi particulier avec les libéralitez extraordinaires que le Roy par une pieté digne de servir d'exemple, a faite tant de fois pour délivrer tous les Chrétiens de diverses nations, qui étoient esclaves parmi les Turcs.

Afin d'unir ensemble tous les divers sujets dont on vient de parler, le peintre sur la corniche qui regne autour de la sale des gardes a feint une balustrade d'or, & dans les encoignûres quatre obélisques de marbre chargez de palmes, & accompagnez de groupes de figures de bronze, outre quantité d'hommes & de femmes au naturel qui semblent regarder avec empressement par dessus la balustrade. Je laisse à chacun à considérer tant d'ouvrages excellens & tout ce qui embellit les autres piéces de l'apartement de la Reine, en chacune desquelles il ne paroît pas moins d'art & de magnificence que dans le grand apartement du Roy; soit pour les marbres dont les lambris sont faits, soit pour les peintures, les sculptures & les dorures des plafonds. Dans cet apartement de la Reine, occupé comme on a déja dit, par Madame la Duchesse de Bourgogne, l'antichambre, les chambres, & les cabinets sont si richement meublez & remplis de tant d'ouvrages rares & précieux qu'on ne peut les bien faire connoître que par une description particulière que les bornes que l'on s'est prescrit ici ne permettent pas d'entreprendre.

Il faut seulement à l'égard des ornemens des plafonds, remarquer qu'à la piéce qui a son issuë vers la grande galerie par le salon de la paix, le soleil est peint d'une couleur brillante & légere dans le tableau du milieu, où l'on voit aussi les heures & les quatre parties du monde désignées par différentes figures de femmes. Entre celles-ci l'europe a auprés d'elle deux enfans qui tiennent, l'un un caducée, & l'autre un livre avec des festons de fleurs & de fruits. L'aurore derriére le soleil répand des fleurs, & un enfant aîlé pour figurer l'étoile du jour porte un flambeau. Dans le tableau au dessus de la cheminée une femme assise sous un pavillon, & sur un siége d'or représente Rodope. Elle a une tunique blanche & un habit bleu, elle tient d'une main les tresses de ses cheveux: & plusieurs femmes les unes assises & les autres debout auprés de cette Reine, regardent avec elle la piramide qu'elle fit élever, & qui subsiste encore en égipte. Au côté oposé, on voit dans le troisiéme tableau du plafond la Reine Didon assise qui paroît donner ses ordres pour la construction, & pour tous les embellissemens de la superbe vile de Cartage qu'elle fonda en afrique. Le tableau qui est audessus des fenêtres représente Nitocris Reine de Babylone. Elle est debout, son vêtement est magnifique, & elle s'apuïe sur une des femmes de sa suite qui lui fait voir entre plusieurs édifices somptueux, un pont que l'on acheve de bâtir, & qui n'est autre que ce pont célébre que cette Reine épouse

R

de Nabuchodonosor fit construire sur l'euphrate. Enfin le dernier tableau placé vis-à-vis du précédent, fait voir Cléopatre Reine d'égypte si célébre par sa magnificence. Elle est assise à table avec Marc-Antoine comme en ce fameux repas, ou pour marquer plus de somptuosité, elle fit dissoudre une perle d'un prix inestimable.

La chambre suivante fait voir dans le tableau du milieu du plafond Mercure accompagné de plusieurs figures de femmes & d'amours ou génies qui expriment ensemble par divers attributs, l'éloquence, la poësie, la géometrie, & d'autres arts & sciences, dont il fut l'inventeur. L'on a peint aussi autour de luy des figures allégoriques qui expriment en ce tableau l'étude & la vigilance, sans lesquelles on ne peut faire aucun progrés dans les sciences ni dans les arts. Par raport à ce principal sujet les quatre grands tableaux des côtez représentent des femmes illustres de l'antiquité qui ont excellé, les unes à peindre, d'autres à travailler aux ouvrages de tapisserie & de broderie, quelques-unes à chanter & à joüer de divers instrumens & principalement de la lire, & quelques autres comme la Reine Sémiramis à ordonner & à prendre la conduite de plusieurs grands bâtimens qu'elle fit élever.

La chambre la plus spacieuse & la plus proche de la sale des gardes que nous avons décrite, fait voir dans son principal tableau au milieu du plafond le dieu Mars assis sur son char tiré par des loups & couronné par la victoire. Plusieurs femmes qui représentent des vertus militaires l'accompagnent. Des renommées le précédent : & Bellonne avec un casque sur sa tête, & un foudre en sa main poursuit plusieurs monstres devant luy. On a feint dans cette même chambre six grands bas-reliefs qui paroissent comme de bronze. Ils sont placez autour du plafond & posez sur la corniche. Ce sont autant de sujets mémorables de la valeur que plusieurs Reines illustres ont fait éclater dans la guerre au milieu des plus grands dangers. Il y a un de ces sujets au dessus de la cheminée, où Rodogune à sa toilette, & les cheveux épars s'arme en toute diligence pour aller elle-même contre des rebelles qu'elle obligea à rentrer sous son obéïssance par cette action de valeur. Hypsicrate femme de Mithridate est représentée par le sujet qui est peint à l'autre bout de la chambre. Elle paroît à cheval auprés du Roy son époux, & suivie d'une armée nombreuse, comme lors qu'elle l'accompagna dans ses plus grandes expéditions militaires. De deux sujets qui sont au dessus des fenêtres, il y en a un qui représente Clélie à cheval avec ses compagnes. Elles passent ensemble le tibre; s'étant ainsi sauvées des mains du Roy Porsenna à qui elles avoient été données en ôtage par les romains: & des deux autres sujets oposez à ceux-cy, l'un est la Reine Artemise qui combat contre les grecs sur les vaisseaux de Xerxés: Et l'autre est Zénobie qui attaque en personne au milieu d'une bataille l'empereur Aurelien, pour luy disputer elle-même l'empire du monde.

Tout cet apartement occupé par Madame la Duchesse de Bourgogne, & où l'apartement de nuit de Monseigneur le Duc de Bourgogne se communique, reçoit son jour du côté du midi : Et de ce même côté une odeur agréable qui vient de l'orangerie le parfume sans cesse. On ne parlera donc point ici de tous les autres ornemens des plafonds, ni de ce qui embellit le dessus des portes, ni de divers tableaux des plus excellens maîtres qu'on y voit, entre lesquels il y a plusieurs portraits du Roy, & un tableau de la famille de Monseigneur & de feu Madame la Dauphine peint par Mignard le romain ; des portraits de la Reine mere, du Roy & de la feu Reine Marie-Thérèze d'Autriche. On y voit aussi quelquefois le tableau de saint Jean l'évangeliste de le Brun ; une Vierge, un saint Sebastien, & le saint Antoine de Padoüé de Vandeix ; un tableau de Judith peint par Paul Veronése ; un autre d'Esther devant Assuérus, & un de Suzanne du même peintre, avec quelques tableaux du Titien. On laisse aussi à considérer dans ce grand appartement, ainsi que dans le grand apartement du Roy, divers cabinets portatifs ornez de colonnes & de figures de vermeil doré & enrichis de peintures, d'émaux & de toutes sortes de pierres précieuses. Et enfin l'on n'entreprend point de rien dire icy de tout ce que l'on voit encore de précieux & de beau parmy les riches bigeoux qui rendent les cabinets de Madame la Duchesse de Bourgogne infiniment plus considérables que ceux d'aucune autre Princesse de l'europe.

Il est tems de raporter ce qui reste à donner de l'ancienne description du château de Versailles, & d'exposer tout ce que l'on doit remarquer dans la façade que la vaste étenduë de tous les logemens que nous venons de décrire, fait voir du côté des jardins : car elle est si différente de celle qu'on a vûë du côté des cours, qu'il ne semble pas que l'une & l'autre pussent apartenir à un même palais : Et d'ailleurs il n'y a point en aucun lieu du monde une façade d'édifice aussi grande & aussi magnifique que celle dont il nous reste à parler. Voicy mot à mot la description ancienne.

» Lors que l'on a considéré tous ces
» différens logemens, on peut sortir
» du Château par le vestibule qui re-
» garde le milieu de la petite cour,

« & en passant sous les galeries voû-
« tées, se rendre sur la grande ter-
« rasse qui est dans le jardin à la face
« de tout le Palais. Elle contient
« cinquante toises de long sur douze
« toises de large. Mais avant que
« d'entrer plus avant dans les jar-
« dins, & dans le petit parc ; cette
« grande face de bâtiment qui re-
« garde le parterre d'eau, & les
« deux côtez qui font l'enceinte du
« château, méritent bien d'être
« considérez, tant pour la grandeur
« majestueuse de toute cette masse,
« que pour la beauté des pierres dont
« elle est bâtie, le soin qu'on a pris
« a les bien tailler, & le choix qu'on
« a fait des figures & des ornemens
« qui l'embellissent.
« La façade principale qui regarde
« le parterre d'eau est ornée de trois
« avantcorps ou balcons, ayant qua-
« tre colonnes chacun, ce qui a
« donné lieu d'y mettre douze figu-
« res ; & ce nombre de douze a dé-
« terminé à y représenter les douze
« mois de l'année, d'autant plus
« qu'il convient particuliérement au
« soleil qui fait le corps de la de-
« vise du Roy. Les mois de mars,

Les figures qui ornent la façade du château du côté des jardins.

» d'avril, de may & de juin, sont
» sur le balcon du pavillon à droite.
» Les mois de juillet, août, septem-
» bre & octobre sont sur les balcons
» du milieu de la terrasse, & les
» mois de novembre, decembre, jan-
» vier & février sont sur le balcon
» du pavillon à gauche.
» Dans les bas-reliefs qui ornent
» les dessus des croisées de cette fa-
» çade, sont représentez des petits
» enfans qui s'occupent à des exer-
» cices convenables à chaque mois
» & à chaque saison.
» Dans les clefs de l'apartement
» bas, l'on y doit représenter des
» têtes ou masques d'hommes & de
» femmes, depuis l'enfance, jusqu'à
» la derniére vieillesse; c'est à dire
» depuis douze ans, jusqu'à cent
» ans ou environ, parce que l'année
» est l'image parfaite de la vie de
» l'homme.
» Du côté du jardin à fleurs, on
» a eu égard aux choses que cette
» face regarde, qui sont les fleurs
» de ce même jardin, les fruits du
» jardin de l'orangerie & la sale de
» la Comedie qui sera bâtie de ce
» côté là; cela a donné la pensée de

de Versailles. 201

mettre sur le prémier avantcorps «
ou balcon quatre figures qui pré- «
sident aux fleurs, sçavoir Flore «
qui en est la déesse; le zéphire qui «
est son amant, & qui par la douceur «
de son haleine, fait sortir ces fleurs «
hors de terre au retour du prin- «
temps; Hyacinthe favory du soleil, «
& Clitie amante du soleil qui ont «
été tous deux convertis en fleurs. «

Les bas-reliefs qui sont au dessous «
de ces figures dans l'étenduë de «
cet endroit de la façade, repré- «
sentent des enfans ou petits amours «
qui s'occupent à dresser des jar- «
dins, à planter & à cultiver des «
fleurs, & à en faire des guirlandes. «

Dans les clefs des croisées de «
l'apartement ou bas étage, il y «
aura des têtes de jeunes garçons & «
de jeunes filles couronnez de tou- «
tes sortes de fleurs. «

Sur l'avantcorps ou balcon opo- «
sé, & qui est à l'autre extrémité, «
sont quatre figures des divinitez «
qui président aux fruits, sçavoir «
Pomone qui est la déesse des fruits, «
Vertumne qui est son amant, une «
des nymphes Hesperides ayant «
auprés d'elle un des orangers «

» chargé d'oranges d'or, & gardé
» par le dragon, & la nymphe
» Amalthée qui tient la corne d'a-
» bondance.

» Dans les bas-reliefs au deſſous
» de ces figures, ſont des enfans qui
» plantent des arbres, & qui cueil-
» lent des fruits.

» Dans les clefs des croiſées de
» l'étage bas, on verra des têtes de
» jeunes hommes & de jeunes fil-
» les couronnez de toutes ſortes de
» fruits.

» Sur l'avantcorps du milieu qui a
» raport à la comedie, ſont quatre
» figures repréſentans la muſe Thalie
» qui préſide à la belle comedie;
» Momus qui préſide à la boufon-
» nerie; Terpſicore autre muſe qui
» ſe mêle de la danſe ſérieuſe, & le
» dieu Pan qui eſt l'auteur de la danſe
» grotesque.

» Les bas-reliefs qui ſont au deſſus
» repréſentent des enfans qui ſe maſ-
» quent, qui danſent & qui ſe divet-
» tiſſent en differentes façons qui
» conviennent toutes à la comedie.

» A côté de cet avantcorps, il y a
» deux niches, dans l'une deſquel-
» les eſt une figure repréſentant la

musique, & dans l'autre une figure représentant la danse, parce
que la musique & la danse sont
les véritables ornemens qui accompagnent la comedie.

Dans les clefs des croisées de
l'étage bas, on fera des têtes de
rieurs & de satyres.

Du côté de la grotte, l'on a eu
aussi égard aux choses que cette
face regarde, qui sont la grotte,
les eaux des fontaines qui sont en
vûë de cette face, & la sale des
festins qui est de ce côté là.

Sur l'avantcorps ou balcon proche la grotte, les quatre figures
qui y sont posées, sont la nymphe
Echo, qui fut changée en rocher,
Narcisse dont elle étoit amoureu-
se ; Thétis & Galathée qui représentent les eaux qui font le principal ornement des grottes.

Dans les bas-reliefs sont des enfans qui se joüent dans les eaux en
plusieurs façons differentes.

Dans les clefs des croisées de
l'apartement bas, on y doit tailler des têtes ornées de coquillages, de corail & de rocailles.

Sur l'avantcorps & balcon opo-

» sé, les quatre figures sont deux
» dieux de riviéres, & deux nym-
» phes de fontaines.
» Dans les bas-reliefs sont des
» triomphes marins de toutes sortes
» de façons.
» Dans les clefs des croisées de
» l'apartement bas, l'on mettra des
» têtes de dieux & de nymphes de
» riviéres, ayant les cheveux moüil-
» lez & couronnez de joncs & de
» roseaux.
» Sur l'avantcorps ou balcon du
» milieu les quatre figures qui y
» sont, représentent Cérés & Bac-
» chus qui président au boire & au
» manger, Comus qui est le dieu
» des festins & des réjoüissances,
» & le Génie qui préside à la joie &
» aux plaisirs de la bonne chére.
» Dans les bas-reliefs, sont des
» enfans qui font la débauche & qui
» se divertissent.
» Dans les clefs des croisées de
» l'apartement bas, on représentera
» des têtes de silenes, de bacchantes,
» & de satyres.
» A côté de cet avantcorps, il y a
» deux niches, dans lesquelles on a
» mis une figure de Ganimede & une

de la nymphe Hebé, qui sont oc- «
cupez l'un & l'autre à verser à «
boire pour les dieux. «

Comme c'est du côté des jardins
que le château de Versailles paroît
avec plus de grandeur & de beauté; il
faut une aplication particuliére pour
bien observer tout ce qu'il y a de
considérable dans cette façade dont la
magnificence donne de l'étonnement.
Elle est composée de trois grands
corps d'édifice joints ensemble. Le
corps du milieu qui est le seul dont
il soit parlé dans l'ancienne description
que nous venons de raporter,
& qui même a été depuis beaucoup
changé, avance d'environ quarante-
cinq toises dans les jardins & contient
plus de cinquante toises de face
vers l'Occident, & les deux autres
corps qu'on nomme les aîles ont chacun
soixante-quinze toises, desorte
que tout le château forme vers l'occident
une façade de plus de deux
cens toises d'étendue du midy au
septentrion.

Plus de six vingts arcades dans
l'étage bas de ce vaste édifice, une
même quantité de fenêtres cintrées
avec plusieurs niches dans le princi-

pal, étage de dessus, & autant de fenêtres dans l'attique qu'à l'étage principal, sont icy disposées avec toute la simétrie & accompagnées de tous les ornemens qui leur conviennent. Il y a dix-neuf avantcorps à l'étage bas. Toutes les pierres de cet étage sont taillées en bossage, & les clefs des arcades sont ornées de têtes d'hommes & de femmes, comme il a été remarqué dans l'ancienne description. Le corps du milieu contient, comme on a dit, dans cet étage bas vers les jardins du côté du midy l'apartement de Monseigneur ; du côté du Septentrion l'apartement des bains occupé cy-devant par Mr le Duc du Mayne, & depuis par Mr le Comte de Toulouze : & du côté de l'occident quelques cabinets de ces deux mêmes apartemens & la galerie basse qui sert d'issuë au château : car pour les deux autres corps, le plus ancien contient en bas, comme on a dit, du côté des jardins, les apartemens de Mr le Prince, de Madame la Princesse ; de Mr le Duc, de Madame la Duchesse, de Madame la Princesse de Conty la doüairière, & de M. le grand

Ecuyer ; Et le corps que l'on nomme l'aîle neuve, & qui augmente de hauteur dans l'étage bas, par la pante que les jardins ont de ce côté, a au plein pied de la grande cour du château la chapelle, plusieurs vestibules & passages, & l'apartement de Mr le Duc du Maine. Néanmoins tout l'étage bas ne paroît que comme une espece de grand soûbassement à l'égard du principal étage de dessus. Celui-cy a les mêmes avantcorps, mais il est orné de plus de cent colonnes ioniques dans ces avantcorps, & de prés de deux cens pilastres de même ordre derriére les colonnes & entre toutes les fenêtres. L'attique a un même nombre de pilastres, quatre-vingt-quatorze statuës au dessus des colonnes qui ornent les avantcorps de l'étage principal ; Et de grands trophées au dessus des niches qui dans le principal étage sont occupez par des statuës, ainsi qu'il est marqué assez particuliérement par l'ancienne description.

A présent une grande galerie au lieu de la terrasse occupe avec deux salons, comme nous avons dit, toute la face occidentale du corps avancé. Il y a aux autres faces le grand apartement du Roy du côté du septentrion, & le grand apartement de la Reine occupé par Madame la Duchesse de Bourgogne, du côté du midy. La grande aîle qui joint ce même côté sert vers les jardins aux apartemens de Monsieur Frere unique du Roy, de Madame, de Mr le Duc de Chartres, & de Madame la Duchesse de Chartres: Et l'aîle neuve à l'extrémité de laquelle on doit faire la sale des machines pour l'Opéra, sert à l'apartement de Mgr le Duc de Berry, à ceux de Mr le Prince de Conty & de Madame la Princesse de Conty, & aux logemens de divers Seigneurs qui ont encore tous les logemens de l'attique, tant dans les aîles qu'au corps avancé, où l'exhaussement des grands apartemens du Roy & de la Reine, & celuy de la galerie & ses deux salons occupent une partie de la hauteur de cet attique.

Il seroit trop long de décrire plus particulierement une façade de bâtiment d'une si grande étenduë. Il suffit d'avoir fait connoître en général les ornemens d'architecture qui l'embellissent

bellissent, & qui consistent sur tout dans les avantcorps ornez de colonnes dont la disposition est telle. Un avantcorps de six colonnes occupe le milieu du grand corps principal qui a dans la même face vers l'occident deux autres avantcorps chacun de quatre colonnes, & dans chacune de ses deux autres faces trois avantcorps semblables. Trois avantcorps de huit colonnes accouplées sont disposez de simétrie, dans chacune des grandes aîles, à l'extrémité de chacune desquelles il y a en retour deux petits avantcorps chacun de quatre autres colonnes. Toutes les fenêtres du principal étage ont les clefs de leurs bandeaux embellies de dépoüilles de Lion & de divers autres ornemens de sculpture. Enfin tout le haut de cette façade si étenduë est terminée au dessus de l'attique par une balustrade de pierre qui cache les combles, & par des piédestaux qui portent des trophées, au dessus des pilastres accouplez des encoignûres des angles & des avantcorps du grand étage, & des vases au dessus de tous les pilastres simples placez contre les trumeaux entre les fenêtres.

CE QU'IL FAUT OBSERVER DANS LE PETIT PARC.

» APrés avoir considéré ce qui regarde le château, l'on peut voir les jardins, & ce qui est enfermé dans le petit parc : mais comme il y a une infinité d'objets qui attirent les yeux de toutes parts, & que l'on se trouve souvent embarassé de quel côté on doit aller, il est bon de suivre l'ordre que je vas marquer, afin de voir chaque chose de suite plus commodément & sans se fatiguer.

Le bassin de la Syrene.

» L'on peut donc de cette grande terrasse qui fait le devant du château, & qui le sépare d'avec le parterre, descendre du côté de la tour d'eau. D'abord dans la premiére allée l'on rencontre le bassin de la Syrenne, qui est vis-à-vis les degrez de la terrasse. Ce bassin a dix-sept toises de long sur dix de large, & par les deux bouts se termine en deux demi-ronds ; il est nommé le bassin de la Syrenne, à cause que la principale figure qui

est au milieu représente une syren-
ne, qui jette de l'eau par une
grosse coquille qu'elle tient à sa
bouche, & que soûtient un triton
qui est auprés d'elle. A côté de
ces deux figures il y a deux enfans
assis sur des dauphins; le tout de
bronze doré, & d'un travail ad-
mirable.

 Delà on va dans la grotte de
Thetis. C'est un massif de pierre de
taille rustiquement taillée par de-
hors, qui a dix toises en quarré;
mais qui par dedans est enrichie
d'une manière toute particuliere,
de diverses sortes de coquilles, de
congelations, & de toutes les cho-
ses convenables à l'embellissement
d'une grotte. Comme l'on a pré-
tendu figurer par cette grotte le
palais de Thétis, où le soleil se
retire aprés avoir fini sa course,
on voit dans la niche du milieu
Appollon environné des nymphes
de Thetis, dont les unes lui lavent
les pieds, les autres les mains, &
les autres parfument ses cheveux.
Dans les autres niches des côtez,
sont des chevaux avec des tritons
qui les pansent. Toutes ces figures

La grotte de Thétis.

» sont d'une beauté singuliére, &
» il y a tant de choses dignes d'être
» remarquées dans tout ce qui com-
» pose cette grotte, que cet endroit
» seul a donné lieu d'en faire une dé-
» scription particuliére.

Les réser-
voirs.
» De la grotte on passe aux réser-
» voirs d'eau ; il y en a trois de suite.
» La tour d'eau ou la grande pompe,
» qui est plus bas proche l'étang,
» fournit d'eau à tous ces réservoirs.

Les Bas-
sins de la
couronne.
» Des réservoirs l'on descend dans
» un grand parterre de gazon. Ce
» parterre a dans son milieu une allée
» de dix toises de large, qui du bassin
» de la Siréne, vient rendre à la
» fontaine de la piramide. Aux deux
» côtez de cette allée, & au milieu
» des deux piéces qui composent le
» parterre, il y a deux bassins de fi-
» gure ronde. Dans chacun de ces
» bassins est une couronne fermée
» soûtenuë par des tritons & des Si-
» rénes, le tout de bronze doré. Du
» milieu de la couronne & des fleu-
» rons dont elle est ornée, il sort
» onze jets d'eau.

Fontaine
de la py-
ramide.
» La fontaine de la pyramide est
» ainsi nommée à cause de sa figure:
» car le haut est un gros vase qui sort

de Versailles.

d'un bassin soûtenu par quatre écrevisses, qui servent de consoles posées dans un autre bassin plus large, porté par quatre dauphins : ces dauphins ont la tête sur les bords d'un autre bassin, que tiennent quatre jeunes tritons, qui ont une double queuë, & qui posent dans un autre bassin encore plus grand, soûtenu par quatre consoles en forme de pied de lion, & par quatre grands tritons qui semblent nager dans le grand bassin dont les bords sont de pierre & au niveau de la terre, avec un rebord de gazon tout autour. Ce bassin est de figure quarrée, mais arondie des quatre côtez. Il reçoit toute l'eau qui tombe avec abondance, & en forme d'une grosse gerbe, du vase qui est tout au haut des bassins d'où elle retombe successivement de l'un en l'autre comme par grandes napes, qui forment comme autant de cloches de cristal qui s'élargissent à mesure qu'elles descendent en bas.

Proche de la piramide, & à la tête de l'allée d'eau qui descend à la fontaine du dragon, est un grand bassin, dans lequel tombe une nape

La cascade de l'allée d'eau.

» d'eau qui couvre comme d'un voile
» d'argent un grád basrelief de bronze
» doré, où l'on voit des nymphes qui
» se baignent. A côté de ce basrelief,
» il y en a d'autres qui représentent
» des divinitez des eaux, & quelques
» enfans. Ceux qui sont en face sont
» séparez par de gros masques qui
» jettent de l'eau par la bouche, &
» qui ressemblent à des faunes ou à
» des satyres, dont on ne voit que la
» tête & les pieds, comme si le reste
» de leurs corps étoit enfermé dans
» la pierre même dont le bassin est
» revêtu.

L'allée d'eau.

» Ensuite de ce bassin, & tout le
» long de l'allée, il y a deux rangs
» d'autres petits bassins de fontaines
» de différentes figures posez sur deux
» bandes de gazon qui séparent
» cette allée en trois ; en sorte qu'ou-
» tre celle du milieu il y a encore
» deux contre-allées. Dans chacun
» de ces bassins est un groupe de trois
» enfans qui portent d'autres bassins
» faits en manière de gueridons.
» Mais ce qui est digne d'être remar-
» qué est l'agréable disposition de
» tous ces enfans, & leurs différen-
» tes actions. Car comme de chaque

côté de l'allée il y a sept groupes «
de ces enfans disposez d'espace en «
espace, les deux premiers de ces «
groupes que l'on trouve vis-à-vis «
l'un de l'autre représentent de jeu- «
nes tritons qui portent de grandes «
coquilles en forme de bassin, plei- «
nes de corail, & de divers coquil- «
lages. «
 «
Les seconds, sont trois jeunes «
enfans qui portent un bassin rem- «
pli de diverses sortes de fruits. «

Les troisiémes, sont deux amours, «
& au milieu d'eux une jeune fille. «
Ils soûtiennent ensemble une cor- «
beille pleine de fleurs. «

Les quatriémes, sont trois jeunes «
enfans qui portent un bassin rempli «
de fruits, & apuyé sur le tronc d'un «
arbre. «

Les cinquiémes, sont trois autres «
enfans apuyez contre un piédestal «
sur lequel est un bassin; ils tiennent «
des tambours de basques, des flutes «
& des flageolets. «

Les sixiémes, sont trois petits «
satyres qui ont sur leur têtes des «
corbeilles pleines de fruits. «

Les septiémes qui sont au bas de «
l'allée, sont de jeunes thermes, «

» c'eſt à-dire, trois figures d'enfans
» qui n'ont que la moitié du corps
» au naturel, le reſte depuis le ventre
» en bas ſe termine en forme de ſca-
» belion ou piédeſtal que l'on nom-
» me ordinairement guaines dans
» ces ſortes de figures.

» Tous ces divers enfans ſont de
» bronze doré, de même que les
» fleurs & les fruits dont les baſſins
» & les corbeilles ſont remplies;
» pour le reſte il eſt de bronze. Du
» milieu de chaque corbeille ou baſ-
» ſin, s'élève un gros jet d'eau qui
» baigne les fleurs & les fruits, &
» retombe dans les baſſins où ſont
» poſez les pieds des enfans. Les ta-
» pis de gazon ſont garnis des deux
» côtez, depuis un des baſſins juſ-
» qu'à l'autre, de pluſieurs vaſes de
» cuivre peints & dorez, & remplis
» de petits arbriſſeaux verds.

La fontaine du dragon.

» Au bas de cette allée, il y a un
» grand baſſin rond qui a prés de
» vingt toiſes de diametre. Au mi-
» lieu eſt un dragon qui leve la tête
» en haut & qui par la gueule vomit
» l'eau d'une groſſeur & d'une hau-
» teur ſurprenante. Quatre dauphins
» & quatre cygnes ſemblent nager
autour

autour de luy. Les cygnes portent chacun un petit amour : il y en a qui sont armez d'arcs, & de flêches, & qui paroissent vouloir tirer sur le dragon ; & d'autres qui en ont peur, & qui se cachent le visage de leurs mains : le tout est de bronze doré.

Une des grandes beautez de cette allée, est qu'étant au bas proche la fontaine du dragon, & regardant en haut, l'on voit tous ces groupes d'enfans former une agréable perspective, dont le point de vûë se termine dans cette grande chute d'eau qui est au bout, & qui a encore au dessus d'elle la fontaine de la pyramide, dont l'eau fait des effets admirables. Et de même quand on est au pied de la pyramide, l'on considére avec plaisir la fontaine du dragon qui termine l'autre extrémité de cette même allée.

De ce bassin l'on va dans un petit bosquet qui joint l'allée d'eau, dont je viens de parler du côté de la tour d'eau. Au milieu d'un cabinet de verdure est la fontaine du pavillon. Elle est ain-

La fontaine du pavillon.

„ si nommée à cause de quatre jets
„ d'eau qui sortent de la gueule de
„ quatre dauphins de bronze, qui
„ sont aux quatre angles d'un grand
„ bassin, & qui venant à se rassem-
„ bler par le haut au gros jet du mi-
„ lieu forment une espece de pavil-
„ lon.
„   Ces cinq jets sont accompagnez
„ de quatre autres, qui sortent de
„ quatre vases posez au milieu d'au-
„ tant de bassins qui sont dans les
„ quatre angles du cabinet. L'eau
„ de ces jets va se décharger dans le
„ bassin du milieu par quatre mas-
„ ques de bronze qui la vomissent
„ dans des coquilles.

L'allée du berceau d'eau.

„   Au sortir de ce petit bois, l'on
„ entre dans un autre qui est à l'o-
„ posite. Au milieu de ce bois est
„ une longue allée, agréable par
„ l'ombre & la fraîcheur de ses ar-
„ bres, mais encore plus par une
„ infinité de jets d'eau, qui jail-
„ lissant des deux côtez de derrière
„ une banquette de gazon ornée de
„ vases de porcelaines, font un
„ berceau d'eau, sous lequel on se
„ promene sans en être mouillé.
„ Au deux bouts de cette allée il y

« deux gros vases de porcelaine
« d'où sortent plusieurs jets d'eau
« qui terminent la longueur du ber-
« ceau, & forment comme deux ca-
« binets en pavillon.

« Après avoir traversé l'allée de
« la Cerés, l'on trouve dans un pe- *Le ma-*
« tit bois le lieu qu'on apelle le *rais.*
« marais. C'est un grand quarré
« d'eau, au milieu duquel est un
« gros arbre si ingénieusement fait
« qu'il paroît naturel. De l'extré-
« mité de toutes ses branches sort
« une infinité de jets d'eau qui cou-
« vrent le marais. Outre ces jets il y
« en a encore un grand nombre d'au-
« tres qui jaillissans des roseaux qui
« bordent les côtez de ce quarré, le
« font paroître un véritable marais.
« Aux quatre coins sont quatre cy-
« gnes dorez, qui semblent avoir fait
« leur nid dans les roseaux, & qui
« jettent une quantité d'eau consi-
« dérable.

« Aux deux bouts de ce quarré
« d'eau, sont deux enfoncemens où
« l'on monte par des marches de
« gazon. Au milieu de chacun de
« ces enfoncemens, il y a une gran-
« de table ovale de marbre blanc de

T ij

,, douze pieds de long soutenuë par
,, un piedestal de quatre consoles de
,, marbre jaspé. Sur chaque table il
,, y a une corbeille de bronze doré
,, remplie de fleurs au naturel, de
,, laquelle sort un gros jet d'eau
,, qui retombe dedans, & s'y perd
,, sans moüiller la table : ensorte
,, que quand on y mange, on a le
,, plaisir de voir élever cette fontai-
,, ne au milieu de tous les mets,
,, sans que l'eau tombe dessus, ni
,, qu'on puisse en recevoir aucune
,, incommodité. Au milieu des al-
,, lées des côtez, il y a aussi des en-
,, foncemens qui ont plus de trois
,, toises de profondeur, sur plus de
,, six toises d'ouverture; où sur des
,, marches de gazon sont élevées de
,, longues tables de marbre blanc
,, avec trois gradins au dessus, de
,, marbre blanc & rouge en forme
,, de credence pour servir de buffets.
,, Elles sont portées par quatre con-
,, soles qui finissent en pates de lion.
,, De ces gradins jaillissent plusieurs
,, jets d'eau ; dont la chute forme
,, des napes qui retombent par cas-
,, cades jusques sur la table sans la
,, moüiller ; l'eau qui sort aussi par

" divers ajûtages forme des vases,
" des aiguières, des verres & des ca-
" raffes qui semblent être de cristal
" de roche garnis de vermeil doré.

" Du marais l'on entre dans un
" autre petit bois qui est vis à vis, *Le théâ-*
" où par des allées disposées agréa- *tre.*
" blement on trouve ce qu'on apelle
" le Théatre. C'est une grande pla-
" ce presque ronde, qui a environ
" vingt six toises de diametre : Elle
" est séparée en deux parties. La
" premiére contient un demy cercle
" autour duquel sont élevées trois
" marches en forme de siége pour
" servir d'amphitéatre, qui est en-
" vironné d'allées couvertes d'or-
" mes sur le devant & de palissa-
" des de charmes sur le derriére.
" L'autre partie qui est élevée d'en-
" viron trois à quatre piéds, est le
" théatre. Il s'éleve dans le fond par
" un petit talus de gazon qui laisse
" des passages pour les Acteurs ; &
" dans la palissade qui l'environne,
" il y a quatre grandes niches rem-
" plies de bassins de fontaines rusti-
" quement travaillez.

" Dans ces bassins il y en a d'au-
" tres plus élevez où sont assis des

T iij

» enfans qui se joüent, les uns avec
» un cygne, les autres tiennent un
» griffon, les autres une écrévisse,
» & les autres une lyre, le tout de
» bronze, & d'où sort de l'eau en
» abondance. Entre ces quatre ni-
» ches, sont trois allées qui s'en-
» foncent dans le bois & forment
» trois perspectives d'une beauté
» toute nouvelle ; car le milieu de
» chaque allée est comme un canal
» de quatre à cinq toises de large, re-
» vêtu des deux côtez de divers co-
» quillages, avec un glacis de gazon
» qui borde les deux contre-allées,
» qui sont terminées d'un côté par
» des palissades de charmes ; & de
» l'autre le long du canal, par de
» petits arbrisseaux verts, avec des
» pots de porcelaines pleins de di-
» verses fleurs d'espace en espace.
» Ces canaux ne sont pas remplis
» d'une eau tranquille & paisible ;
» ce sont plusieurs cascades qui tom-
» bent les unes dans les autres, &
» qui tirent leur source d'un grand
» bassin de coquillages élevé sur
» trois autres, au bout du canal.
» L'eau qui en sort par grandes na-
» pes vient enfin jusques sur le

derriere du théatre, où aprés avoir passé par des coulettes, elle finit dans trois bassins qui sont vis-à-vis de ces longues cascades.

Il y a encore aux deux côtez du théatre joignant l'amphitéatre deux bassins, d'où s'élevent deux lances d'eau; & du bord du théatre tombent deux grandes napes d'eau l'une sur l'autre, qui le séparent de l'orchètre. Mais ce qui est le plus surprenant, est la quantité des jets d'eau qui s'élevent du milieu de ces canaux, & des côtez des allées, lesquels forment une infinité de figures d'eau toutes différentes. Car tantôt chaque canal paroît une longue allée d'eau en forme de berceau ornée de plusieurs gros jets d'espace en espace, tantôt ce sont comme plusieurs palissades de lances de cristal qui séparent les canaux, & les allées en plusieurs autres allées; tantôt ce sont des grilles d'eau accompagnées de petits chandeliers; tantôt ce sont des aigrettes qui s'élevent à la hauteur des arbres. Enfin l'eau jaillit de ces lieux en si grande abondance, & en tant de

» manieres différentes, qu'il est im-
» possible d'en pouvoir comprendre
» les divers effets qu'en les voyant.
» Lors qu'on sort de ce lieu, on
» trouve en face une fontaine vis-à-
» vis l'entrée du théatre, & enfon-
» cée dans la palissade de l'allée qui
» y conduit. Il y a un amour de
» bronze assis sur un dauphin ; il
» semble vouloir tirer une fléche du
» carcois qui est sur ses épaules ;
» & au lieu de fléches, il en sort un
» gros jet d'eau. Le dauphin qui le
» porte verse de l'eau en abondance
» dans trois coquilles de bronze,
» d'où elle se répand en quatre au-
» tres semblables ; & ensuite dans
» deux grands bassins faits de co-
» quillages tres-rares, & d'où s'éle-
» vent quatre jets d'eau.
» En sortant de ce bois, l'on
» trouve un autre grand bassin qui
» sépare l'allée de la Cérés, d'avec
» l'allée de traverse. C'est le bassin
» de Cérés, l'un des quatre qui en-
» vironnent les bosquets, & où sous
» différentes figures on doit repré-
» senter les quatre saisons. Le prin-
» temps par Flore, l'été par Cérés,
» l'automne par Bacchus, & l'hiver
» par Saturne.

Le bassin de Cérés.

de Versailles. 225

« Au delà de l'allée de traverse, & du même côté que le théatre, il y a un autre petit bois qui conduit à la montagne d'eau ; il est divisé par plusieurs allées qui font différentes figures. Il y en a cinq qui aboutissent à un même centre. Elles sont bordées des deux côtez d'un treillis qui soûtient une palissade de chévrefeüille. Ce treillis est disposé d'une maniére toute particuliere ; il y a des niches d'espace en espace, & une corniche par le haut, sur laquelle on voit une infinité de pots de porcelaine remplis de diverses fleurs qui font un effet admirable contre les grands arbres qui leur servent de fond.

« Du bas de chaque niche s'éleve un jet d'eau ; & tout le long de la palissade il y a de chaque côté des coulettes, ou petits canaux bordez de gazon & de coquillages, avec des petites châtes ou boüillons d'eau.

« Le lieu où ces allées se terminent, est une espece de salon de figure ronde palissadé & orné comme les allées. Entre chaque allée il y a une niche recouverte

La montagne d'eau.

» par en haut avec une espece de
» fronton ; Et au milieu du salon
» un grand bassin de fontaine où
» retombe l'eau, qui en jaillissant for-
» me comme une grosse montagne.
» Cette eau qui se répand du bassin
» par cinq différens endroits vis-à-
» vis des allées forme cinq grandes
» napes qui tombent au pied du bassin.
»   De ce salon l'on voit au bout
» de chaque allée une niche, dans
» laquelle il y a des bassins revêtus
» de diverses coquilles, & d'où sor-
» tent des jets d'eau du milieu de
» plusieurs pointes de rocher & de
» coquillages. Ces niches sont pa-
» lissadées de chévrefeüille & dis-
» posées de même que le salon,
» ayant encore devant elles chacu-
» ne deux autres fontaines dans les
» coins des cinq allées qui condui-
» sent à la montagne.
»   Au sortir de ce lieu on trouve
» un autre bassin d'eau dans la même
» allée de Cérés, & dans l'endroit où
» elle est croisée par une autre allée
» de traverse : On l'apelle le bassin
» de Flore.
»   Dans l'autre bois qui suit ce-
» luy de la montagne est le lieu

qu'on nomme la sale des festins. « *La sale*
C'est une place d'une fort grande « *des festins.*
étenduë environnée d'arbres, & «
revêtuë tout autour de gazon. «
Sa figure est plus longue que lar- «
ge ; elle a cinquante-cinq toises de «
longueur, sur quarante de large. «
Le milieu est comme une isle fer- «
mée d'un fossé d'eau, avec des «
ponts qui avancent & reculent «
d'une maniere toute particuliere. «
Il y a en quatre endroits de la «
place qui environne l'isle, quatre «
bassins d'eau, & quatre autres aux «
quatre coins de l'isle. De ces bas- «
sins & de plusieurs endroits des «
fossez, il sort 73. jets d'eau. «

De ce bois l'on va gagner la « *Bassin*
grande allée du bas de petit parc, « *d'Apollon.*
au milieu de laquelle, & vis-à- «
vis l'allée Royale qui est la grande «
allée du milieu, est le bassin d'A- «
pollon. Il est representé dans un «
chariot tiré par quatre chevaux, «
& environné de quatre tritons & «
de quatre baleines, le tout de bron- «
ze. Ce bassin est un quarré long «
arondy dans chaque face. Il a «
soixante toises en un sens, & qua- «
rante-cinq toises de l'autre. Delà «

» on voit un autre baſſin qui fait la
» tête du grand canal ; mais avant
» que d'y aller il faut voir le reſte
» du petit parc.

L'Iſle.

» En remontant vers le château
» ſur la main droite, entre l'allée
» royale & l'allée de Bacchus, on
» trouve la grande piéce d'eau, ou
» l'iſle qui a plus de cent toiſes de
» long, ſur plus de ſoixante toiſes de
» large.

Baſſin de Saturne.

» Proche delà, entre l'allée de
» Bacchus, qu'on apelloit l'allée des
» cinq jets, & celle de traverſe, eſt
» un autre baſſin de fontaine qu'on
» nomme le baſſin de Saturne.

Les Boſ-quets.

» De ce baſſin l'on peut entrer
» dans les deux boſquets. Ils ſont
» ſéparez par la grande allée du mi-
» lieu, & ſont compoſez par compar-
» timens de pluſieurs petites allées
» & cabinets. Au milieu de chaque
» boſquet il y a un baſſin de fontaine
» d'où s'éleve un pié-deſtail, qui
» porte un autre baſſin, dont les
» bords ſont de pierres congelées de
» differentes couleurs. L'eau qui
» ſort du milieu de ce baſſin par la
» bouche d'un gros maſque de bron-
» ze doré, retombe par napes de

de Versailles.

« tirées le long de ces différentes
« pierres dans le bassin d'enbas. Et
« c'est aux quatre coins de ces deux
« bosquets que sont les bassins des
« quatre saisons dont j'ay parlé.
« Au dessus de ces bosquets en mon-
« tant vers le château, il y a deux
« grandes piéces de gazon qui sont
« renfermées entre deux rampes qui
« forment le fer à cheval ou demi-
« lune qui est en face du château.
« C'est dans ce grand espace qu'en-
« ferme le fer à cheval qu'est le bassin
« de Latone. Elle est de marbre blanc
« avec ses deux enfans auprés d'elle.
« L'on voit autour d'eux des païsans
« & des païsanes changez en gre-
« noüilles de différentes maniéres.
« Ces figures sont de bronze de mê-
« me que vingt-quatre grenoüilles
« qui environnent les bords du bas-
« sin, & qui toutes jettent de l'eau
« en tres grande abondance. Il y a
« au milieu de chacune des piéces de
« gazon, deux autres bassins de fon-
« taine où sont de jeunes païsans
« aussi demy grenoüilles qui jettent
« de l'eau, & autour de ces bassins
« il y a des lézards & des tortuës,
« le tout de bronze.

Bassin de Latone.

Bassin de Bacchus.

« Dans la même allée de traversé qui est au bas de ces piéces de gazon, & à l'endroit où elle est coupée par l'allée qui descend, est le quatriéme bassin de ces bosquets, qu'on apelle le bassin de Bacchus, il est de la même grandeur des trois autres.

Le labyrinthe.

« Prés delà est le lieu qu'on nomme le labyrinthe, parce que c'est un endroit composé d'une infinité de petites allées, tellement mêlées les uns dans les autres qu'il est mal-aisé de les suivre, & ne se pas égarer. Mais si l'on se trouve embarassé par le choix qu'on doit faire de ces différentes routes, l'on est agréablement occupé par la quantité des fontaines & des jets d'eau qui s'y rencontrent. On a même choisi pour l'embellissement des fontaines, des sujets qui étant moins sérieux que ceux dont j'ay parlé, pussent contribuer davantage à donner du plaisir & de la joye en les considérant. Car on a tiré des fables anciennes, trente-neuf sujets tous différens qu'on a représentez sous des figures si naturelles, & si bien exprimées,

qu'il est mal-aisé de rien faire de «
mieux en ce genre-là. «
 La description en seroit trop «
longue pour être mise exactement «
dans un récit aussi sommaire que «
celui-cy. On en verra bien-tôt «
une aussi ingénieuse que le sujet le «
mérite, & dont le seul nom de «
l'auteur suffiroit pour la rendre «
recommandable. Je diray seule- «
ment icy quelles sont les fables «
qu'on a représentées, & en les «
nommant par ordre, je marque- «
ray le chemin qu'on tient d'ordi- «
naire pour les voir successivement «
les unes après les autres, sans pas- «
ser deux fois par un même en- «
droit. «

La prémiére fontaine est celle du «
  Duc & des Oiseaux. «
La II. le Coq & la Perdrix. «
La III. le Coq & le Renard. «
La IV. le Coq & le Diamant. «
La V. le Chat pendu & les Rats. «
La VI. l'Aigle & le Renard. «
La VII. le Geay & les Paons. «
La VIII. le Coq & le Coq «
  d'Inde. «
La IX. le Paon & la Pie. «

» La X. le Dragon, l'enclume &
»   la lime.
» La XI. le Singe & ses petits.
» La XII. le combat des animaux.
» La XIII. la Poule & les Pous-
»   sins.
» La XIV. le Renard & la Gruë.
» La XV. la Gruë & le Renard.
» La XVI. le Paon & le Rossi-
»   gnol.
» La XVII. le Perroquet & le
»   Singe.
» La XVIII. le Singe Juge.
» La XIX. le Rat & la Grenoüille.
» La XX. le Liévre & la Tortuë.
» La XXI. le Loup & la Gruë.
» La XXII. le Milan & les Oi-
»   seaux.
» La XXIII. le Singe Roy.
» La XXIV. le Renard & le
»   Bouc.
» La XXV. le Conseil des Rats.
» La XXVI. les Grenoüilles &
»   Jupiter.
» La XXVII. le Singe & le
»   Chat.
» La XXVIII. le Renard & les
»   raisins.
» La XXIX. l'Aigle, le Lapin &
»   l'Escarbot.

Lij

de Versailles. 233

La XXX. le Loup & le Porc-Epic.

La XXXI. le Serpent à plusieurs têtes.

La XXXII. le Souriceau, le Chat, & le Cochet.

La XXXIII. le Milan & les Colombes.

La XXXIV. le Dauphin & le Singe.

La XXXV. le Renard & le Corbeau.

La XXXVI. le Cigne & la Gruë.

La XXXVII. le Loup & la Tête.

La XXXVIII. le Serpent & le Porc-Epic.

La XXXIX. les canes & le petit Barbet ou le Gouffre.

Du labyrinthe on peut aller à l'orangerie, dont la beauté & celle des arbres qu'elle contient méritent une description à part. Ensuite remontant en haut & passant par le jardin des fleurs, l'on voit le parterre d'eau qui est devant le Château. Il est composé de cinq grandes pieces & de deux autres,

V

» qui toutes ensemble font un com-
» partiment de figures extraordinai-
» res. Lors qu'il sera achevé l'on y
» verra une infinité de différents jets
» d'eau, avec quantité de figures qui
» feront une des plus grandes beautez
» de cette Maison Royale.

DU GRAND PARC.

» LE petit parc dont je viens de
» parler, est environné d'un au-
» tre, qui est divisé par quantité de
» routes & de grandes allées bordées
» de différents arbres. Une des cho-
» ses les plus considerables qu'on y
» puisse remarquer est le grand canal
» qui commence au bout du petit
» parc vis-à-vis l'allée royale, &
» environ à quarante toises du baf-
» sin d'Apollon. Il a trente-deux toi-
» ses de large, sur huit cens toises
» de long. A la tête de ce canal est
» une piéce d'eau, dont la figure est
» octogne. Il y a quatre côtez tirez
» en ligne circulaire, & trois autres
» en ligne droite, le quatriéme se
» joignant au canal. Cette piéce a
» soixante-dix toises de diametre,

de Versailles. 239

pardevant, elle sépare le petit parc
d'avec le grand, & la partie opposée se joint, comme j'ay dit, au
canal, qui à l'autre extrémité, finit
par une autre piéce d'eau de deux
cens toises de long sur cent toises
de large. Il est traversé dans le
milieu par un autre grand canal
large de quarante toises, qui d'un
côté conduit à Trianon, & de l'autre côté à la Ménagerie.

La Ménagerie.

La Ménagerie est un lieu où l'on
voit tout ce qui peut rendre la vie
champêtre agréable & divertis-
sante par la nourriture des animaux
de toutes sortes d'espéces. Dans
une grande cour à main gauche,
sont les écuries, les étables, les
bergeries, & tout ce que l'on appelle la basse-cour.

Le petit palais a sa cour particuliere au bout d'une grande avenuë d'arbres. Le principal logement est de figure octogone, &
ne contient qu'un salon, qui est
seulement accompagné par le devant de deux petits pavillons, au
milieu desquels est une rampe de
marches qui conduit à un vestibule,
& ensuite dans le salon.

W iij

» Ce salon est entouré d'une cour
» aussi de figure octogone, fermée
» de grilles de fer, qui la séparent
» de sept autres cours; le salon est aussi
» environné d'un balcon, d'où l'on
» voit ces sept cours qui sont rem-
» plies d'une infinité d'oiseaux tres-
» rares, & d'une quantité incroya-
» ble d'animaux étrangers & sauva-
» ges de toutes les especes.

Trianon.
» L'autre maison qui est à l'oposite
» au delà du canal, & à main droite
» en sortant de Versailles, est Tria-
» non. Ce palais fut regardé d'a-
» bord de tout le monde comme un
» enchantement. Car n'ayant été
» commencé qu'à la fin de l'hyver,
» il se trouva fait au printemps,
» comme s'il fût sorti de terre avec
» les fleurs des jardins qui l'accom-
» pagnent, & qui en même-tems pa-
» rurent disposez tels qu'ils sont au-
» jourd'huy, & remplis de toutes sor-
» tes de fleurs, d'orangers, & d'ar-
» brisseaux verts.

» L'on pourroit dire de Trianon,
» que les graces & les amours qui
» forment ce qu'il y a de parfait dans
» les plus beaux & les plus magni-
» fiques ouvrages de l'art, & mê-

ne qui donnent l'accomplissement «
à ceux de la nature, ont été les «
seuls architectes de ce lieu, & «
qu'ils en ont voulu faire leur de- «
meure. «

L'on y arrive par une grande al- «
lée. Sa face extérieure a soixante- «
quatre toises avec un enfoncement «
en forme d'une demie ovale de «
plus de vingt toises de long. Au «
milieu de l'ovale est la principale «
porte de fer avec deux balustrades «
aux côtez qui se joignent à deux «
petits pavillons qui ferment l'en- «
trée. Par cette principale porte on «
entre dans une cour presque ovale, «
étant seulement quarrée à droit & à «
gauche par les faces de deux corps «
de logis séparez de celui du mi- «
lieu, dont l'un sert pour les Sei- «
gneurs, & l'autre est le logement «
ordinaire du concierge du châ- «
teau. «

Ces corps de logis ont chacun «
douze toises en quarré, & sont ac- «
compagnez de corps séparez, & «
d'autres pavillons qui font les en- «
coigneures de toute la face de la «
maison. Ceux qui vont voir ce châ- «
teau entrent ordinairement par la «

» cour du concierge, d'où l'on passe
» par une porte grillée dans la grande
» cour ovale : car celle cy, outre la
» principale entrée, a encore quatre
» ouvertures ou portes de fer, dont
» deux se communiquent dans les
» cours des aîles, entre la grande
» porte & les gros pavillons ; & les
» deux autres dans le jardin entre les
» mêmes pavillons, & le principal
» corps de logis.
»   Cette cour a plus de vingt toises
» dans sa longueur, sur quinze toi-
» ses de profondeur. Le château est
» en face, qui a quatorze toises de
» long sur six à sept toises de large.
» Sur l'entablement il y a une balus-
» trade chargée de quantité de vases,
» & toute la couverture forme une
» espece d'amortissement, dont le
» bas est orné de jeunes amours ar-
» mez de dards & de flêches, qui
» chassent aprés des animaux. Au-
» dessus il y a plusieurs vases de por-
» celaine disposez de degré en degré
» jusqu'au faîte du bâtiment, avec
» differents oyseaux représentez au
» naturel. Les pavillons qui accom-
» pagnent le principal corps de lo-
» gis, sont embellis de la même ma-

niére, & ont raport au deſſein « qu'on a eu de faire un petit palais « d'une conſtruction extraordinaire, « & commode pour paſſer quelques « heures du jour pendant l'été. Car « ce palais n'a qu'un ſeul étage ; & « lorſqu'on a monté ſept marches « pour entrer dans le veſtibule, l'on « trouve un ſalon dont toutes les « murailles ſont revétuës d'un ſtuc « tres blanc & tres poli, avec des « ornemens d'azur. La corniche qui « regne autour, & le plafond ſont « auſſi ornez de diverſes figures d'a- « zur ſur un fond blanc, le tout « travaillé à la maniére des ouvrages « qui viennent de la Chine, à quoy « les pavez & les lambris ſe rap- « portent, étant faits de careaux de « porcelaines. «

Ce ſalon qui a vingt deux pieds « de long, ſur dix-neuf de large, « ſe communique des deux côtez à « deux apartemens égaux, qui ſont « compoſez chacun d'une chambre, « d'un cabinet où eſt joint une vo- « liere en ſaillie, & d'un garde- « robe qui a ſes dégagemens. Ces « chambres & ces cabinets ſont de « même que le ſalon d'un blanc de «

» ftuc, mais ornez de différentes
» maniéres.
» Tous ces lieux ont leur vûë &
» leur fortie fur un parterre en ter-
» raffe, où vis à vis des chambres
» l'on voit quatre jets d'eau qui
» jailliffent fort haut du milieu de
» quatre baffins élevez fur des pié-
» deftaux.
» De ce parterre l'on defcend
» dans un autre jardin qu'on pour-
» roit avec raifon nommer le fejour
» ordinaire du printemps ; car en
» quelque faifon qu'on y aille, il
» eft enrichi de toutes fortes de
» fleurs ; & l'air qu'on y refpire eft
» toûjours parfumé de celles des jaf-
» mins & des orangers, fous lef-
» quels on fe promene : Mais com-
» me dans toutes les diverfes faifons
» on y voit des changemens extra-
» ordinaires & furprenans, foit dans
» la diverfité des fleurs, foit même
» dans la difpofition du lieu, il
» faut remettre à une autre fois à
» en faire une defcription plus par-
» ticuliere, & cependant laiffer ju-
» ger à ceux qui verront tous ces
» beaux lieux, s'il y en a de plus
» délicieux & de plus agréables.
Voilà

de Versailles.

Voilà tout ce que contient l'ancienne description qui a été faite de Versailles. Les changemens qu'on doit remarquer dans les jardins du petit parc sont si considérables qu'il a paru à propos de faire une description toute nouvelle de ces jardins, & d'en former un volume particulier, plûtôt que d'entremêler les deux descriptions l'une avec l'autre, comme il a été pratiqué à l'égard du Château : Car il est même à observer que la route que l'on suivoit autrefois pour visiter ces jardins a été changée, & que pour ce sujet il faudra dans la description nouvelle considérer au commencement, ce que l'ancienne description ne raporte qu'à la fin. On se propose de parler ensuite, mais fort sommairement de ce qu'il y a de plus remarquable au dehors du petit parc, comme du grand Canal, & de la Ménagerie, dont on a beaucoup embelli tous les dedans depuis que Madame la Duchesse de Bourgogne se plait à aller dans cette maison : Comme encore de Trianon qu'on a rebâti tout de nouveau, & enfin de tout ce qui est contenu dans l'ancien grand parc &

dans le nouveau grand parc de Versailles, & généralement de tous les lieux & de tous les travaux qui doivent être regardez comme de la dépendance de cette vaste & magnifique demeure : Mais je crois qu'on sera bien-aise de voir auparavant à la fin de ce présent volume, des descriptions particulieres qui ont été faites de divers tableaux d'excellens Maîtres, & de plusieurs statuës & bustes antiques qui sont à présent, tant dans le château & dans les jardins de Versailles, que dans les autres maisons qui en dépendent.

TABLEAUX,
STATUES ET BUSTES ANTIQUES.

LA Graveure qui se fait aujour- « *Tableaux*
d'hui sur le cuivre avec le « *du Cabi-*
burin & avec l'eau-forte, est une « *net du*
invention des derniers siécles. On « *Roy.*
doit d'autant plus l'estimer, que les « *Première*
anciens n'en ayant eu aucune « *Partie.*
connoissance, nous avons cet «
avantage de pouvoir rendre plus «
durable une infinité de choses «
qu'ils n'ont pû nous laisser, pour «
avoir ignoré un art si beau & si «
utile. Car par le moyen de plu- «
sieurs estampes, qui se tirent d'une «
seule planche, l'on perpetuë, «
& l'on multiplie presque à l'in- «
fini un tableau qui demeureroit «
unique, & qui ne pourroit sub- «
sister qu'un certain nombre d'an- «
nées. Desorte qu'entre tant d'ex- «
cellens ouvrages que le Roy fait «
faire, il est tres-certain que les «

X ij

,, planches que l'on grave doivent
,, tenir un rang considérable. C'est
,, par elles que la postérité verra
,, un jour, sous d'agréables figures,
,, l'histoire des grandes actions de
,, cet auguste Monarque; & que
,, dés à présent les peuples les plus
,, éloignez joüissent aussi bien que
,, nous des nouvelles découvertes
,, que l'on fait dans les académies
,, que Sa Majesté a établies pour les
,, sciences & pour les arts. C'est en-
,, core par le moyen de ces estampes
,, que toutes les nations admirent les
,, somptueux édifices que le Roy
,, fait élever de tous côtez, & les
,, riches ornemens dont on les em-
,, bellit. Et parce que les tableaux
,, & les statuës dont ce grand Prince
,, a fait faire une curieuse recher-
,, che, sont d'un prix inestima-
,, ble, & d'une singuliere beauté,
,, Sa Majesté a bien voulu encore
,, que celuy qui a soin d'executer
,, ses ordres, choisît les plus excel-
,, lens graveurs de son Royaume
,, pour les graver, & en faire un
,, recüeil, afin que par le moyen des
,, estampes que l'on tirera, ces mê-
,, mes ouvrages aillent eux-mêmes,

de Versailles.

« s'il faut dire ainsi, se faire voir
« aux nations les plus reculées, qui
« ne peuvent pas les considérer ici
« en original. Comme il faut beau-
« coup de tems pour graver, & pour
« mettre ensemble les estampes
« d'un aussi grand nombre de statuës
« & de peintures, qu'est celuy dont
« les maisons royales sont enrichies,
« on a jugé à propos d'en faire plu-
« sieurs parties, & différens volumes,
« que l'on mettra au jour à mesure
« qu'on y travaillera. On a com-
« mencé celui-cy par vingt-quatre
« estampes faites sur les tableaux
« de différens peintres fameux, &
« par dix-huit autres estampes de
« statuës & de bustes antiques tres-
« rares. Et pour donner quelque in-
« telligence de chaque estampe en
« particulier, on a crû devoir met-
« tre au commencement de ce re-
« cüeil une explication sommaire,
« non-seulement du sujet representé,
« mais encore de ce qui peut regar-
« der l'histoire de l'ouvrage, & l'au-
« teur qui l'a fait.

X iij

LA SAINTE FAMILLE
DE JESUS,
de Raphaël d'Urbin.

I. Tableau.

"Comme Raphaël d'Urbin est universellement reconnu pour le premier & le plus sçavant de tous les peintres modernes, il n'y a point de tableaux de sa main qu'on ne regarde avec estime : mais s'il y en a qu'on doive particulierement considérer, c'est celuy dans lequel il a représenté la sainte Famille de JESUS-CHRIST. Il le fit pour le Roy François I. en l'an 1518. qui fut deux ans avant la mort de ce peintre, & lors qu'il étoit dans la vigueur de son âge, & dans le temps que la grandeur de son génie & la beauté de son esprit luy firent mettre au jour les plus grands ouvrages qu'on ait de luy. Non seulement, on y doit admirer tout ce qui regarde la partie du dessein, en quoy ce fameux peintre a toûjours excellé ; mais encore les ex-

pressions admirables dont il s'est «
servi pour imprimer sur chacune «
de ses figures des caractères con- «
formes à ce qu'elles représentent, «
& proportionnez à la sainteté du «
sujet. On voit la modestie & le «
respect admirablement peints sur «
le visage & dans la contenance «
de la Vierge : On remarque dans «
la mere & dans l'enfant l'amour «
de l'une & la tendresse de l'autre. «
La vénération de sainte Elisabeth, «
l'humilité du petit saint Jean, l'at- «
titude reposée de saint Joseph, & «
la joye accompagnée d'admira- «
tion qui paroît sur les visages des «
deux Anges, sont si divinement ex- «
primées qu'on ne peut rien voir «
de plus parfait. Quoique par cette «
estampe, on puisse juger de la «
grandeur de l'ordonnance, de la «
force du dessein, de la noblesse des «
expressions, & de la distribution «
des lumiéres & des ombres; c'est «
néanmoins en voyant la peintu- «
re même qu'on découvre encore «
mieux l'excellence de toutes ces «
parties, qui jointes à l'entente des «
couleurs & à la beauté du pin- «
ceau, font que cet ouvrage doit «

» eſtre conſidéré comme un chef-
» d'œuvre de l'art, & un des plus
» beaux que Raphaël ait faits.

Ce tableau haut de ſix pieds cinq pouces, large de quatre pieds trois pouces, & dont on voit une planche gravée par Edelinck, eſt preſentement à Verſailles dans le grand apartement du Roy.

LA VERTU HEROIQUE VICTORIEUSE DES VICES.

Du Correge.

II. Tableau.

» LE ſujet de ce tableau eſt tout
» miſtérieux & emblématique.
» On voit que le Correge qui en eſt
» l'auteur, a voulu repréſenter la ver-
» tu héroïque victorieuſe des vices.
» Il eſt aiſé de la reconnoître à ſa
» contenance & à ſes vêtemens.
» D'une main elle tient une lance
» briſée, & de l'autre un caſque.
» Elle foule ſous ſes pieds les vices
» qui paroiſſent ſous la forme de
» divers monſtres. A ſes côtez ſont
» deux figures de femme, dont l'u-
» ne repréſente les vertus morales,

sçavoir la prudence par le serpent "
qui est dans sa coëffûre; la force par "
une peau de lion, sur laquelle elle "
est assise; la justice par l'épée qu'elle "
tient d'une main, & la temperance "
par une bride qu'elle tient de l'au- "
tre. L'autre figure de femme qui est "
accompagnée d'un jeune enfant, & "
qui d'une main montre le ciel, "
& de l'autre semble avec un com- "
pas prendre des mesures sur un "
globe, est vray-semblablement "
mise là pour l'encyclopedie des "
sciences. Derriére la vertu héroï- "
que est une jeune femme qui a "
des aîles au dos: D'une main elle "
tient une palme, & de l'autre une "
couronne de laurier qu'elle met "
audessus de la tête de la vertu. "
Cette figure represente la gloire, "
qui couronne la vertu héroïque. "
L'on peut croire que le peintre ne "
l'a mise ainsi derriére, que parce "
qu'elle ne va jamais devant; mais "
au contraire, qu'elle suit toûjours "
les grands hommes, & court "
même aprés ceux qui la fuyent, "
quand ils l'ont meritée par leurs "
belles actions. Ces trois figures "
qui volent en l'air, & qui paroiſ- "

„ sent dans une grande lumière;
„ sont des renommées qui publient
„ en diverses manières les loüanges
„ dûës à la vertu.

„ L'ordonnance, les expressions
„ des visages, & la disposition des
„ lumiéres sont les parties que l'on
„ peut davantage considérer dans
„ cette estampe; mais qui paroissent
„ avec beaucoup plus d'éclat dans
„ la peinture, parce que la partie
„ principale du Correge, & celle
„ dans laquelle on peut dire qu'il a
„ excellé, a été le maniment du
„ pinceau, & la belle entente des
„ couleurs; & bien que ce tableau
„ ne soit qu'à détrempe, il ne laisse
„ pas d'être peint avec beaucoup de
„ force. Il est du nombre de ceux
„ que le sieur Jabac a vendus au
„ Roy. Il les avoit achetez en An-
„ gleterre, où aprés la mort funeste
„ du Roy Charles I. le Parlement
„ qui vouloit dissiper tous les meu-
„ bles de ce Prince les fit vendre pu-
„ bliquement. Le Roy d'Angleterre
„ les avoit eus du Duc de Mantouë
„ qui avant que sa vile fût pillée
„ par les Impériaux, prévoyant ce
„ qui arriva, luy vendit pour deux

milions de livres de tableaux, «
de statuës, & d'autres raretez. «

Ce tableau haut de quatre pieds sept pouces, & large de deux pieds huit pouces, & dont une planche a été gravée par Picard le Romain, l'an 1672. est présentement à Versailles dans le petit apartement du Roy.

L'IMAGE DE L'HOMME SENSUEL,
du Correge.

CE tableau est de la main du «
Correge comme le precédent, «
il est aussi peint à détrempe & «
représente encore un sujet emblé- «
matique. Le fond est un païsage «
tres-agréable. Au pied d'un arbre «
qui fait un couvert délicieux, on «
voit un homme nud, & environné «
de trois femmes aussi presque nuës. «
L'une de ces femmes qui est assise, «
luy lie les jambes & les bras aux «
branches de l'arbre, pendant qu'u- «
ne autre femme, qui est debout du «
même côté, & qui s'aproche de «
son oreille, semble le charmer par «
le son d'une flûte dont elle joüe. «

III. Tableau.

„ La troisiéme femme est de l'autre
„ côté. Elle tient des serpens qui
„ s'alongent comme pour mordre
„ l'estomac de cet homme, qui, pour
„ ne les pas voir, tourne la vûë du
„ côté d'où vient le son de la flûte.
„ On voit même qu'il y prête l'oreil-
„ le, & qu'il se laisse prendre par
„ la douceur de l'harmonie. Nean-
„ moins ou découvre aussi dans ses
„ yeux & dans les traits de son vi-
„ sage, qu'il n'est pas entierement
„ satisfait, & qu'il sent quelque
„ peine intérieure ; car extérieure-
„ ment on ne voit pas qu'il souf-
„ fre en aucune maniére d'être ainsi
„ lié par les bras & par les jam-
„ bes. On diroit plûtôt qu'il ne
„ s'en aperçoit pas ; n'y ayant rien
„ dans toutes les parties de son
„ corps qui marque de la douleur,
„ ni même de la contrainte. Au des-
„ sous de toutes ces figures est un
„ jeune enfant qui rit, & qui d'une
„ main tient une grappe de raisin.
„ Il est aisé de penser que le Cor-
„ rege, qui a peint dans le précédent
„ tableau la Vertu victorieuse des
„ vices, a voulu faire dans celui-cy
„ l'image d'un hôme sensuel, dont les

vices se rendent maîtres. Car cette « femme qui jouë de la flûte est la « volupté qui l'enchante. La mauvai- « se habitude est figurée par cette au- « tre femme qui luy lie les pieds sans « qu'il y résiste. Et quant à celle qui « tient des serpens, on peut aisé- « ment connoître que c'est la sin- « dérése qui le tourmente, parce « que le voluptueux au milieu de « tous ses plaisirs n'est jamais entié- « rement content. Au contraire, si « d'un côté il se laisse charmer par « la douceur des pernicieux apas « qui le flattent; d'autre côté il sent « le remord de sa conscience qui le « bourelle. Le peintre a ingénieu- « sement mis toutes les marques qui « peuvent faire comprendre le sens « allégorique de cette peinture. Les « trois femmes ont les cheveux en- « vironnez de serpens, qui ont toû- « jours esté la figure de la sensua- « lité, & des infâmes voluptez. Le « vêtement de peau sur lequel cet « homme est assis, & qui représente « les habits dont les premiers hom- « mes se couvroient, signifie dans « les images simboliques l'homme « sensuel & ses sales actions. L'en- «

» fant qui tient une grape de raisin,
» marque ce vin du siècle dont il
» est parlé dans l'écriture : il entre
» agréablement, mais il mord à la
» fin comme un serpent, c'est à dire,
» qu'il est doux d'abord, mais qu'il
» empoisonne à la fin, comme il est
» dit ailleurs : leurs raisins sont de
» Sodome & de Gomorre ; leur vin
» est un fiel de dragon, & un venin
» d'aspic qui est incurable ; En con-
» siderant aussi l'une de ces femmes,
» qui s'avance prés l'oreille de cet
» homme pour le charmer, & l'au-
» tre qui tient des serpens & qui
» semble se détourner de luy, &
» le quitter ; on pourroit croire que
» le Correge a eu dessein de signi-
» fier par là ce qu'Aristote a dit
» des plaisirs, qu'ils s'approchent de
» l'homme agréablement ; mais qu'en
» s'en allant, ils ne luy laissent que de
» la douleur & du repentir.

Ce tableau de même grandeur que le précédent, & dont une planche a été gravée par Picard le Romain en l'année 1676. est aussi placé dans le petit apartement du Roy.

de Versailles. 055

JESUS-CHRIST
PORTÉ AU SEPULCHRE.
du Titien.

CE tableau qui repréſente N. « **IV.**
Seigneur que l'on porte au « **Tableau.**
ſépulchre eſt aſſûrément un des «
plus beaux que le Titien ait peints, «
& un des mieux conſervez qui ſe «
voyent de cet excellent homme. «
Il y a dans cet ouvrage tant d'art «
& tant de feu, qu'on peut aiſément «
juger qu'il l'a fait dans la vigueur «
de ſon âge, & lors qu'il avoit «
encore la main fort libre. Il n'y «
a rien qui merite tant d'y être «
conſideré, que la diſtribution des «
couleurs, & la conduite des jours «
& des ombres; auſſi eſt-ce la par- «
tie dans laquelle ce grand peintre «
a excellé. Mais comme l'on ne «
peut bien faire ces remarques, «
qu'en voyant la peinture même, «
il faut conſiderer dans cette eſtam- «
pe ce qui regarde l'ordonnance, «
le deſſein, & particulierement l'ex- «
preſſion. «

« Tout ce qui doit paroître dans
« un corps mort est parfaitement ex-
« primé dans la figure du Christ,
« où l'on voit une pesanteur dans
« tous les membres qui tombent,
« & qui n'ont plus de soûtien.
« Les figures qui portent ce corps
« font connoître par leur action la
« peine qu'elles souffrent. Bien que
« la Vierge soit couverte d'un man-
« teau, & qu'elle ne soit vûë que
« de profil, on ne laisse pas de re-
« marquer sur son visage les effets
« d'une douleur excessive. La même
« passion paroît encore dans la
« Magdelaine, & dans toutes les au-
« tres figures ; mais ce qui est ad-
« mirable dans cet excellent ou-
« vrage, est l'harmonie des couleurs,
« & la belle union des différentes
« teintes qui s'y rencontrent. Ce
« tableau a été vendu au Roy par
« le sieur Jabac, qui l'avoit acheté
« en Angleterre. Il vient du Duc de
« Mantoüe, comme les deux précé-
« dens.

Ce tableau haut de 4 pieds $\frac{1}{2}$, large
de 6 pieds $\frac{1}{2}$, & dont une planche a
été

de Versailles. 257

été gravée par Rousseler, est présentement à Versailles dans le grand apartement du Roy.

JESUS-CHRIST A TABLE AVEC DEUX DE SES DISCIPLES DANS LE CHASTEAU D'EMAUS.

Du Titien.

Lors que l'on considére dans « l'original de cette estampe, la « beauté des couleurs, la charmante « conduite des lumieres, & tout ce qui « regarde cette rare partie de la pein- « ture que le Titien a possedée si par- « faitement, on y trouve une infi- « nité de choses dignes d'être étu- « diées; sur tout les expressions des « visages y sont admirables. Il est « vray qu'il ne faut pas dans cet « ouvrage examiner ce qui regarde « la convenance que l'on doit gar- « der dans toutes sortes de sujets « selon le tems & les lieux où « l'histoire s'est passée, car c'est « assez mal à propos que le peintre « a peint un des disciples avec un «

V. *Tableau.*

» chapelet à son côté. Mais les pein-
» tres Lombards n'ont point consi-
» déré cette partie, & ne sont pas
» même exempts de blâme pour
» l'avoir trop négligée. Ce tableau
» a sans doute été fait par le Titien
» dans la force de son âge, de même
» que le précédent. Il vient aussi du
» sieur Jabac, qui l'eut en Angle-
» terre, où il avoit été aporté de
» Mantoüe, comme les autres dont
» il est déja parlé.

Ce tableau haut de cinq pieds, large de sept pieds $\frac{1}{2}$, & dont une planche a été gravée par Masson, est présentement à Versailles dans le grand apartement du Roy.

LE MARTYRE DE SAINT ESTIENNE,

D'Annibal Carache.

VI. Tableau.

» LE nom d'Annibal Carache suf-
» fit pour donner du prix à cette
» estampe : mais si le seul nom de ce
» fameux peintre fait que l'on a de
» la vénération pour tout ce qui est

« forty de ses mains, c'est que tous
« ses ouvrages sont d'un si grand
« merite, qu'il suffit de sçavoir qu'un
« tableau est de luy, pour être per-
« suadé de son excellence. En effet,
« l'on n'en voit point qui soient in-
« dignes du nom de leur auteur.
« Bien que sa première manière ne
« soit pas d'un goût de dessein aussi
« grand que ce qu'il fit après avoir
« travaillé dans Rome, il y a néan-
« moins une beauté de couleurs, &
« un maniment de pinceau qui mar-
« que l'étude qu'il avoit faite après
« le Correge & les autres grands
« peintres de Lombardie. Le tableau
« sur lequel on a gravé cette estam-
« pe n'est pas plus grand que l'estam-
« pe même : cependant il est tra-
« vaillé avec tant d'art & de soin,
« qu'il ne paroît pas moins achevé
« dans toutes ses parties, que si les
« figures étoient grandes comme le
« naturel. Il est aisé de juger sur
« l'estampe de la noble disposition
« du sujet, des expressions différen-
« tes de toutes les figures si conve-
« nables à l'action qui se passe ; de la
« force & de la grandeur du dessein
« qui paroît dans toutes les parties.

Y ij

« artistement touchées. Mais il n'y
« a que la peinture qui puisse bien
« faire juger de l'entente des cou-
« leurs, & des lumiéres qui sont si
« sçavamment & si judicieusement
« conduites & répanduës dans cet
« ouvrage, qu'on le peut considérer
« comme un des plus beaux mor-
« ceaux qui soit sorty de la main
« d'Annibal Carache, & qu'apa-
« remment il a fait avec un amour
« & un soin tout particulier. Il fut
« apporté de Rome par M. le Mar-
« quis de Rambouillet, & ensuite
« donné au Roy par M. le Duc de
« Montausier.

Ce tableau dont Château a gravé une planche de la même grandeur que le tableau, est présentement à Versailles dans la petite galerie.

L'ASSOMPTION
DE LA VIERGE.
D'Annibal Carache.

VII. Tableau.

« Outre la disposition admirable
« de toutes les figures qui com-
« posent cet ouvrage, on doit y con-

sidérer tres-particuliérement la
grandeur & la noblesse du dessein,
puisque c'est une des parties qui le
rendent recômandable. Cette fierté,
& cette force qui paroissent dans
les airs de tête de tous les Apôtres,
mérite encore que l'on y fasse attention ; & qu'en examinant leurs
bras, leurs mains, & leurs jambes,
& de quelle maniére ils sont bien
articulez, on regarde aussi jusques
aux moindres plis des draperies,
dont l'étude est trés-nécessaire à
ceux qui font posession de cet art :
mais sur tout la figure de la Vierge
qui est enlevée, demande une application toute particuliére. Son
attitude si sagement & si noblement disposée au milieu de ce
groupe d'Anges, qui semblent la
porter au ciel, & qui la regardent
avec un profond respect ; le visage
éclairé de cette auguste Mere du
Fils de Dieu, si rempli de joye, &
si couvert de gloire ; Enfin son action & ses vêtemens mêmes, fournissent à tout le monde dequoy
méditer sur l'excellence de cet art,
& dequoy admirer toûjours la force & la beauté du genie d'Annibal

» Carache, qui en est l'auteur. Ce
» tableau fut acheté à Rome, par le
» sieur du Charmoy secretaire de
» M. le Maréchal de Schomberg,
» lequel ayant non seulement un
» amour tres-grand pour la pein-
» ture & pour la sculpture, mais
» encore une connoissance trés-par-
» faite de ces beaux arts, travailloit
» dans l'un & dans l'autre avec un
» heureux succés. Aprés sa mort le
» sieur de la Feüille amateur des bel-
» les choses, eut ce tableau à son
» inventaire, & depuis il l'a vendu
» au Roy avec plusieurs autres, dont
» le cabinet de Sa Majesté a esté em-
» belli.

Ce tableau haut de quatre pieds trois pouces, large de trois pieds, & dont Château a gravé une planche est presentement à Versailles.

HERCULE
TUANT L'HYDRE,
du Guide.

VIII. Tableau. » DE tous les éléves des Caraches le Guide a esté le plus gra-

cieux dans sa manière de peindre, «
& même l'on peut dire que pour «
la beauté des airs de tête, il n'y «
a guéres eu de peintres qui ayent «
possedé cette partie plus parfaite- «
ment que luy. Tous ses ouvrages «
ne sont pas d'une manière sem- «
blable; les uns ont plus de force, «
& les autres plus de douceur: ce «
qui arrive presque à tous les pein- «
tres, qui changent souvent de «
goût. «

Entre les tableaux que le Guide «
a faits, il y en a quatre d'une mê- «
me grandeur, que l'on peut consi- «
dérer comme de sa meilleure, & «
plus forte manière. Il les fit dans «
la vigueur de son âge, pour le «
Duc de Mantoüe; qui les vendit «
au Roy d'Angleterre, aprés «
la mort duquel le sieur Jabac les «
acheta, avec ceux dont j'ay déja «
parlé; & les ayant aussi vendus «
au Roy, ils sont à présent avec «
plusieurs autres de la même main «
dans le cabinet de Sa Majesté, «
où ils tiennent un rang considéra- «
ble parmy ceux des plus grands «
maîtres. «

Le premier de ces tableaux re- «

» présente Hercule qui combat l'hy-
» dre. Il paroît seulement armé de
» sa massuë, avec laquelle il assom-
» me ce terrible monstre. Ce que l'on
» admire davantage dans ce rare ta-
» bleau, est la grandeur & la force
» du dessein, joint à la beauté du
» pinceau, & à l'excellence des cou-
» leurs. Mais comme c'est dans la
» peinture seule qu'on peut voir tout
» ensemble tant de nobles parties, il
» faut seulement dans cette estam-
» pe considérer la disposition, le
» dessein & les expressions du sujet
» qui font une image assez belle &
» assez sçavante, pour juger quel doit
» être le merite de l'original.

Ce tableau haut de huit pieds, large de six pieds, & dont Rousselet a gravé une planche, est présentement à Versailles dans le grand apartement du Roy.

COMBAT D'HERCVLE ET D'ACHELOVS.
Du Guide.

IX. Tableau. » Hercule étant devenu amoureux de Dejanire, la demanda

manda en mariage à son pere Oenée «
Roy d'Etolie, qui s'étant déja enga- «
gé de la donner à Achélous fils de «
l'Océan & de Thétis, ne put la «
luy accorder ; mais promit de la «
donner à celuy des deux qui sur- «
monteroit l'autre à la lutte. Her- «
cule & Achélous étant entrez en «
combat, & celui-cy se voyant «
prêt d'être vaincu par Hercule «
changea de forme, & prit la fi- «
gure d'un serpent, & ensuite «
celle d'un taureau ; mais nonob- «
stant toutes les ruses que sa mere «
luy avoit aprises, Hercule le sur- «
monta, & luy arracha une corne «
que les Naïades remplirent de «
toutes sortes de fruits, & la nom- «
mérent la corne d'abondance. «
C'est cette lutte que le Guide a «
représentée icy, où l'on voit «
Achélous surmonté par Hercule «
qui le tient sous luy, & le reduit «
à ne pouvoir plus ni attaquer, ni «
se défendre. Dans le lointain on «
voit Achélous sous la forme d'un «
taureau abatu par Hercule, qui luy «
arrache une corne ; ce que le pein- «
tre a crû aparemment devoir faire, «
pour donner plus d'intelligence «

Z

» de la fable. Ce tableau est peint
» avec beaucoup d'art & de scien-
» ce. L'on peut remarquer dans les
» corps de ces deux combatans, une
» étude très-particuliere pour ce qui
» regarde les apparences des nerfs &
» des muscles ; & de quelle manière
» ils doivent être peints, pour bien
» imiter la nature, & faire des ef-
» fets conformes à l'action, dans
» laquelle ces deux corps sont repré-
» sentez.

Ce tableau de même grandeur que le précédent, & dont Rousselet a aussi gravé une planche, est à Versailles dans le grand apartement du Roy.

ENLEVEMENT
DE DÉJANIRE
par le Centaure Nesse.

Du Guide.

X. Tableau.

» Hercule, après avoir surmonté
» Achéloüs, obtint pour femme
» Déjanire. Etant sorty de la maison
» de son beau-pere, à cause d'un

meurtre qu'il avoit commis le « jour de ses nôces, & étant arrivé « avec Déjanire au bord de la riviére d'Evéne, il trouva ses eaux si « grosses à cause des neiges fonduës « & des pluyes continuelles, qu'il « étoit difficile de la traverser à « gué. Le Centaure Nesse qui servoit « à passer l'eau à ceux qui se pré- « sentoient, s'étant offert de porter « Déjanire d'un bord à l'autre, la « chargea sur son dos. Hercule passa « le premier : mais comme il fut de « l'autre côté de l'eau, il entendit la « voix de Déjanire qui l'apelloit à son « secours; & s'étant retourné il aper- « çût le Centaure, qui au lieu de « traverser la riviére, retournoit au « bord d'où il étoit party, & en- « levoit Déjanire. Aussi tôt Hercule « tirant une fléche envenimée du « sang de l'hydre, blessa le centaure « si dangereusement qu'il mourut « sur la place. Cette action sert de « sujet au troisiéme tableau du Gui- « de, où l'on voit Déjanire sur le « dos du centaure, qui au lieu de « traverser le fleuve qu'Hercule a « déja passé, revient au bord, & « même semble des pieds de devant «

,, regagner la terre pour joüir de
,, celle qu'il porte, & qu'il regarde
,, avec plaisir. Le centaure est une des
,, plus belles figures que le Guide
,, ait jamais peintes. On voit la moi-
,, tié du corps d'un homme jointe
,, au corps d'un cheval, avec un ar-
,, tifice admirable. Si la joye & le
,, plaisir paroissent sur le visage du
,, centaure, la crainte & la douleur
,, ne sont pas moins bien représen-
,, tées sur celuy de Déjanire, qui en
,, regardant de l'autre côté de l'eau
,, semble apeller Hercule à son
,, secours. On le voit dans le tems
,, qu'il se détourne, & avant qu'il
,, ait tiré sa fléche. Comme il est éloi-
,, gné, il ne paroît pas beaucoup
,, dans le tableau, où Déjanire &
,, le centaure occupent la principale
,, place. Tout le derriére est un paï-
,, sage d'une excellente maniére, &
,, qui fait un fond trés-avantageux
,, aux figures.

Ce tableau de même grandeur que le précédent, & dont Rousselet a gravé une planche, est aussi à Versailles dans le grand apartement du Roy.

HERCULE
sur un bucher allumé.
Du Guide.

LE Centaure Nesse qui avoit été frapé à mort par Hercule, voulant s'en venger, trempa dans son sang une chemise, qu'il donna à Déjanire avant que d'expirer: & la priant de la garder pour marque de son amour, il l'assura qu'elle luy serviroit d'un souverain reméde pour empêcher Hercule d'aimer d'autres femmes qu'elle, pourvû qu'il la portât sur luy. Déjanire qui ajoûta foy aux paroles du Centaure conserva secrétement cette chemise. A quelque tems de là Hercule ayant fait la guerre à Euryte Roy d'Oechalie, le chassa de son païs, & enleva sa fille Iole. Il fit sçavoir ses victoires à Déjanire sa femme, qui le soupçonnant d'avoir de l'amour pour Iole, luy envoya pour présent la chemise que le centaure luy avoit donnée, le priant de

XI. Tableax.

» la porter pour l'amour d'elle. Un
» jour qu'il sacrifioit sur le mont
» Oëta, il vêtit cette chemise : mais
» il ne l'eût pas plûtôt sur son
» corps, qu'il sentit une cuisson hor-
» rible, & comme il voulut l'ôter,
» il trouva qu'elle étoit collée sur
» tous ses membres, & qu'en s'é-
» forçant de l'arracher il se déchiroit
» la peau. Desorte que tourmenté
» de douleurs si excessives & si cruel-
» les, afin de s'en délivrer, il se
» jetta sur le bucher qui étoit tout
» allumé pour le sacrifice, où il
» termina le cours de sa vie & de ses
» travaux.
»   Le Guide l'a représenté assis sur
» ce bûcher, où levant un bras & les
» yeux au ciel, on découvre par son
» action, & par les expressions de
» son visage, la douleur qu'il souf-
» fre, & l'assistance qu'il implore
» du ciel. Il est vray qu'il ne pa-
» roît aucune playe sur le corps
» d'Hercule, le peintre aparemment
» ayant voulu supprimer ces cir-
» constances de sa mort pour ne pas
» gâter sa figure, qu'il auroit renduë
» affreuse, s'il l'avoit peinte écorchée,
» & pleine de sang, ou vêtuë d'une
» chemise.

de Versailles.

« Ce tableau est peint comme les
« autres d'une maniére forte, & dans
« une belle entente de lumiére & de
« couleurs. »

Ce tableau de même grandeur que le précédent, & dont Rousselet a gravé une planche, est à Versailles dans le même apartement du Roy.

SAINT FRANÇOIS en méditation.

Du Guide.

CE tableau où saint François « est représenté à genoux, est un « des plus beaux que le Guide ait « peints, lors qu'il a traité des sujets « de dévotion. La disposition du « lieu, l'action du Saint, & l'air « de son visage font voir tout à la « fois ce que l'on peut s'imaginer « de plus solitaire, de plus humble, « & de plus pénitent. Cependant « cette solitude n'a rien d'affreux, « l'humilité du Saint n'a rien de « bas ; & dans l'austérité de son « visage, on ne laisse pas de remar- « quer quelque chose de noble & «

XII. Tableau.

Z iiij

» de grand. L'on voit que dans la
» pensée de la mort sur laquelle il
» médite, il semble élever son cœur
» & ses yeux au ciel, qu'il regarde
» comme l'objet de ses desirs.
» Cette peinture a été long-tems à
» Rome dans la maison des Savelli;
» Ensuite elle a passé dans les mains
» du Prince Pamphile, qui l'a donnée
» au Roy.

Ce tableau haut de six pieds, large de quatre pieds, & dont Rousselet a gravé une planche, est à Versailles.

SAINTE CECILE.

Du Dominiquin.

XIII. Tableau.

» IL y a tant de parties difficiles
» à acquérir dans la peinture, qu'il
» ne faut pas s'étonner s'il se rencon-
» tre peu de peintres qui les ayent
» possedées toutes dans la derniére
» perfection. Il semble que ceux qui
» ont étudié dans l'école des Cara-
» ches les ayent partagées entr'eux,
» puis qu'il y en a qui ont la beauté
» du pinceau, & qu'il s'en trouve

aussi qui ont en partage la grandeur du dessein, & la force des expressions. Le Dominiquin a été de ceux-cy ; & l'on peut dire qu'il s'est élévé au dessus de tous dans ces deux derniéres parties de la peinture. Ce tableau, où il a représenté sainte Cécile joüant de la viole, peut assez après faire juger quelle étoit en cela la beauté de son génie. On voit sur le visage de la Sainte une pudeur & une sagesse qui remplissent l'esprit de respect & de dévotion. L'ardeur du feu divin paroît dans l'éclat de ses yeux, & il semble que l'on entend sa voix, qui s'accorde au son de sa viole, pour chanter les loüanges de son divin Epoux, & luy demander la pureté du cœur, par ces paroles des Pseaumes, *fiat cor meum immaculatum*, &c. qui sont dans un livre que tient l'Ange qui est devant elle.

Le Dominiquin a traité ce même sujet en deux différentes maniéres : car il fit une sainte Cécile pour le Cardinal de Sansi ; mais celle-là joüé de l'orgue, & est accompagnée d'un chœur

» d'Anges qui paroissent dans une
» gloire. Pour celle-cy, il la fit
» pour le Cardinal Ludovise. En-
» suite elle a été possédée par le
» prince Ludovise son neveu, qui l'a
» long-tems conservée dans sa vigne,
» qui est à Rome. Mais enfin ayant
» été aportée en France par le sieur
» de Nogent qui la vendit au sieur
» Jabac, elle est présentement dans
» le Cabinet du Roy.

Ce tableau haut de cinq pieds, large de trois pieds six pouces, & dont Picard le Romain a gravé une planche, est présentement à Versailles dans le petit ou premier apartement du Roy.

DAVID
chantant les loüanges de Dieu.

Du Dominiquin.

XIV. Tableau.

» CE tableau, où le Dominiquin
» a représenté le Roy David,
» est peint avec le même art, & la
» même conduite que celuy de sainte
» Cécile. Ce grand Prophète paroît
» avec ses habits royaux, & com-

me joignant sa voix au son de sa «
harpe, lors qu'il composoit les «
Pseaumes divins, dont l'Eglise se «
sert encore tous les jours pour «
chanter les loüanges de Dieu. «
L'on voit les sentimens de son ame «
sur tous les traits de son visage, «
où l'enthousiasme divin est expri- «
mé d'une maniére admirable & «
touchante. Les deux Anges qui «
sont auprés de luy, la disposition «
du lieu qui laisse voir un bout de «
païsage d'un goût excellent, & «
tous les autres accompagnemens «
contribuent à la belle composi- «
tion de ce rare ouvrage, que Sa «
Majesté a eu du Duc de Mazarin, «
qui l'avoit eu parmi les autres «
meubles du Cardinal Mazarin, à «
qui on l'avoit envoyé d'Italie. «

Ce tableau haut de sept pieds cinq pouces, large de cinq pieds cinq pouces, & dont Rousselet a gravé une planche, est présentement à Versailles dans le premier ou petit apartement du Roy.

ENÉE
SAUVANT SON PERE
de l'embrazement de Troye.

Du Dominiquin.

XV. Tableau.

» Comme cette peinture est de
» la première manière du Do-
» miniquin, l'on voit qu'elle tient
» beaucoup de celle de son maître
» Ludovic Carache. La piété d'E-
» née paroît sur son visage, & l'on
» remarque sur celuy de son pére
» Anchise la douleur jointe à la
» foiblesse de son âge. Ce vieillard
» prend les dieux Pénates de la main
» de Crétise, & le petit Ascanius
» semble montrer à son pére le che-
» min qu'ils doivent tenir pour se
» sauver. Il n'y a rien dans tout ce
» tableau qui ne mérite beaucoup
» d'être considéré, soit pour ce qui
» regarde le dessein, soit pour la
» force des couleurs. Le Mareschal
» de Créquy l'aporta lors qu'il re-
» vint de son ambassade de Rome.
» Aprés sa mort le Cardinal de

de Versailles. 177

« Richelieu l'acheta, & en mourant
« le laissa au feu Roy Loüis XIII.
« comme une piéce digne d'être mi-
« se avec les meubles de la cou-
« ronne.

Ce tableau haut de cinq pieds deux pouces, large de trois pieds, & dont Audran a gravé une planche, est présentement dans le grand apartement du Roy.

CONCERT DE MUSIQUE.

Du Dominiquin.

IL y a plusieurs tableaux du Do- « *XVI.*
miniquin, lesquels, quoique « *Tableau.*
parfaitement bien desseignez, & «
d'un excellent goût de couleurs, «
ne sont pas néanmoins également «
bien peints. Il s'en voit qui pa- «
roissent un peu secs, & qui se res- «
sentent de la peinture à fraisque, «
à laquelle il a beaucoup travaillé ; «
mais entre ceux qu'il a peints avec «
plus d'amour & de tendresse, on «
peut dire que celuy où il a repré- «
senté un concert de musique, est «
un des plus beaux, & où les cou- «
leurs sont les mieux empâtées. «

» Les jours & les ombres y sont
» admirables ; les expressions fortes
» & vrayes ; & les airs de teste na-
» turels & beaux. Enfin ce tableau,
» composé seulement de quatre fi-
» gures, a toûjours esté consideré
» comme un des plus rares que le
» Dominiquin ait faits. Il le fit
» pour le Cardinal Ludovise qui le
» conservoit chérement dans sa mai-
» son de Zagarello, qui est à qua-
» torze milles de Rome : Etant en-
» suite passé entre les mains du Prince
» Ludovise son neveu, il le vendit
» au sieur de Nogent, qui l'aporta en
» France. Le sieur Jabac l'acheta de
» luy, avec la sainte Cécile dont il
» est parlé ci-devant.

Ce tableau haut de quatre pieds dix
pouces, large de cinq pieds quatre
pouces, & dont Picard le Romain a
gravé une planche, est présentement
à Versailles dans le grand apartement du Roy.

SAINT MATHIEU.
Du Valentin.

ENtre les peintres François « XVII.
qui ont eu de la réputation « Tableau.
dans ce dernier siécle, le Valentin «
n'a pas esté un des moindres. Il a «
beaucoup peint à Rome sous le «
Pontificat d'Urbain VIII. où «
s'étant particuliérement attaché à «
suivre la maniére de Michel- «
Ange de Caravage, il a comme «
luy cherché à imiter la nature «
comme il l'a trouvée, sans faire «
choix du beau, ni tirer des anti- «
ques ce qu'il y a de noble & de «
gracieux. Ainsi l'on doit considé- «
rer dans ses ouvrages une exacte «
& véritable ressemblance des cho- «
ses naturelles, telles qu'il les a «
vûës; qu'il a desseignées avec for- «
ce, & peintes avec une conduite «
de lumiéres assez vrayes. Parmy «
les tableaux qui sont dans le ca- «
binet du Roy, il y en a quatre où «
ce peintre a représenté les quatre «
Evangelistes, que Sa Majesté a «
sus aprés la mort de M. Ourfel «

» Secrétaire de M. de la Vriliére,
» & grand amateur de la peinture.
» Dans le premier de ces tableaux,
» il a peint saint Mathieu sous la
» figure d'un vénérable vieillard,
» apuyé sur une table, & tenant
» d'une main une plume, & de
» l'autre un livre ouvert. Il y a
» auprés de luy un Ange, tel qu'on
» en représente d'ordinaire auprés de
» ce saint évangeliste.

Ce tableau haut de trois pieds $\frac{1}{2}$ large de quatre pieds $\frac{1}{2}$, & dont Rousselet a gravé une planche, est présentement à Versailles dans le petit apartement du Roy.

SAINT MARC.
Du Valentin.

XVIII. Tableau.

» CE vieillard accompagné d'un
» lion, fait assez juger que le
» peintre a voulu représenter saint
» Marc évangéliste. Il a particu-
» liérement affecté de faire voir dans
» l'air du visage, & dans les vête-
» mens de cette figure, la simplicité

& la pauvreté des disciples de « Jesus-Christ. Cependant l'on peut « dire que dans sa maniére, ce tableau « est un des plus beaux & des mieux « peints qu'il ait faits. «

Ce tableau de même grandeur que le précédent, & dont Rousselet a gravé une planche, est aussi à Versailles dans le petit apartement du Roy.

SAINT LUC,
Du Valentin.

CE troisiéme tableau représen- « te saint Luc assis, & écrivant « avec aplication dans un livre. Il « est accompagné de toutes les mar- « ques qui le distinguent des autres « évangelistes. Car l'on y voit le « bœuf que l'on peint ordinaire- « ment auprés de luy; & le peintre « n'a pas oublié d'y mettre le ta- « bleau qu'on dit que ce saint a fait « de la sainte Vierge, & tel qu'on « le voit encore à Rome dans l'E- « glise de sainte Marie major. «

XIX. Tableau.

Ce tableau de même grandeur que le précédent, & dont Rousselet a gravé une planche, est aussi à Versailles dans le petit apartement du Roy.

SAINT JEAN.

Du Valentin.

XX. Tableau.

» COmme saint Jean est celuy de tous les évangélistes qui paroît le plus élevé dans les connoissances divines, & qui en a parlé plus hautement, on l'a toûjours peint avec un aigle. La figure de ce saint est desseignée, & peinte de la meilleure manière du Valentin, & dans son goût ordinaire; c'est à dire, cherchant seulement à imiter la nature, & à donner de la force aux corps par le secours des lumieres & des couleurs.

Ce tableau de même grandeur que le précédent, & dont Rousselet a gravé une planche, est aussi à Versailles dans le petit appartement du Roy.

SAINT ANTOINE
DE PADOUE
adorant l'enfant JESUS.

De Vandeik.

L'On voit icy saint Antoine de Padouë qui adore l'enfant Jesus entre les bras de la sainte Vierge. Comme il n'y a que trois figures dans toute la composition de cet ouvrage, ce n'est pas l'ordre que l'on y doit le plus considérer : aussi cette partie n'est pas celle où Antoine Vandeick, qui est l'auteur de ce tableau, s'est rendu considérable. Il quitta d'assez bonne heure le travail des grandes histoires, pour s'appliquer uniquement à faire des portraits; en quoy il a réussi avec un succés si heureux, que depuis le Titien, il s'est trouvé peu de peintres qui en ayent fait avec une beauté & un goût de couleurs qui aprochent des siens. Cependant il n'a pas laissé quelquefois d'entre-

XXI. Tableau.

» prendre de plus grands ouvrages;
» mais on peut dire, sans faire tort
» à son mérite, que les plus beaux
» qu'il ait achevez, sont ceux où il
» y a le moins de figures, & moins
» de parties difficiles à desseigner.
» Celui-cy étant de ce nombre, est
» aussi un des plus parfaits, parce
» que les couleurs y sont traitées
» avec tout l'art & toute la science
» qu'il possedoit ; & l'ayant peint
» avec beaucoup de soin & d'amour,
» il en a fait un tableau conforme
» à son génie, & à ce qu'il sçavoit
» le mieux. L'Infante d'Espagne
» Claire Eugenie Archiduchesse des
» Païs-Bas le fit faire pour l'autel
» de la Chapelle de son palais de
» Bruxelles, où il a été jusques
» aprés sa mort, qu'il fut vendu
» avec ses autres meubles à un par-
» ticulier d'Anvers, de qui le sieur
» Jabac l'ayant eu, l'a depuis vendu
» au Roy.

Ce tableau haut de cinq pieds onze pouces, large de quatre pieds onze pouces, & dont Rousselet a gravé une planche, est présentement à Versailles dans le grand apartement de la Reine.

SAINT PAUL
enlevé au troisiême ciel.
Du Poussin.

LE Poussin ayant voulu re-présenter saint Paul enlevé jusqu'au troisiéme ciel, il a traité ce sujet si merveilleux de luy-même, d'une maniére noble & relevée. Ce grand Apôtre des Gentils est soûtenu & porté par trois Anges, qui font ensemble un groupe de quatre figures, où l'on découvre tout ce que l'art & la science d'un grand peintre peut faire voir de plus beau dans la disposition de quatre corps, dont les attitudes sont différentes. L'Ange, qui est le plus élevé, montre à saint Paul le ciel ouvert ; & les deux autres, qui le soûtiennent, paroissent dans une sainte admiration. On voit sur le visage de ce grand Saint une expression admirable de l'extase & du transport où il se trouva pen-

« XXII.
« Tableau.

» dant son ravissement. Outre les
» belles expressions, & la grandeur
» du dessein que l'on y remarque,
» le peintre a conduit ce tableau
» dans une harmonie de couleurs si
» douce & si agréable, qu'il ne
» manque rien de tout ce qu'on peut
» desirer pour la perfection d'un si
» bel ouvrage. Il le fit en 1649.
» pour le sieur Scaron, si connu par
» ses ouvrages de Poësie, de qui le
» sieur Jabac l'ayant acheté le vendit
» au Duc de Richelieu, dont le Roy
» l'a eu.

Ce tableau haut de quatre pieds trois pouces, large de trois pieds trois pouces, & dont Château a gravé une planche, est à présent à Versailles dans le petit apartement du Roy.

MOYSE
tiré des eaux du Nil par la fille de Pharaon.

Du Poußin.

XXIV. Tableau. » ENtre les tableaux que le Poussin a faits, l'on a toûjours beaucoup d'estime pour celuy où il a peint Moïse sauvé des eaux par la fille de Pharaon. L'on peut considérer dans cet ouvrage le soin qu'il a eu de representer le païs d'Egypte, & particuliérement la vile de Memphis, située proche le Nil. On y remarque ces levées de terre, dont Diodore dit qu'elle estoit environnée pour la défendre des inondations du fleuve. L'on y voit une infinité de superbes palais; ces grandes obélisques élevées à l'honneur du Soleil; & ces pyramides qui servoient de tombeaux aux Rois & aux Princes, & en quoy on dit même que les Egyptiens faisoient le plus de dépense, parce qu'ils consideroient les tombeaux comme des Palais qui devoient être leur éternelle demeure; au lieu qu'ils ne regardoient ceux où ils habitoient pendant leur vie, que comme des hôtelleries & des lieux de passage. Cette noble disposition do païs sert d'un fond avantageux aux principales figures. Dans celles qui representent la fille du Roy, & les Dames de sa suite,

„ on voit toute la majesté & la grâ-
„ ce convenable à leur qualité & à
„ leur sexe ; mais sur tout, ce ta-
„ bleau est un de ceux que le Pous-
„ sin a mieux peints, & où les cou-
„ leurs sont traittées avec un goût
„ trés-exquis. Comme il a toûjours
„ eu un soin particulier de bien
„ historier ses sujets, il n'a rien
„ oublié dans celui-cy de ce qui peut
„ marquer le véritable lieu où l'ac-
„ tion se passe. Non seulement il a
„ peint dans le lointain une grande
„ vile ornée de superbes édifices,
„ comme pouvoit être la vile de
„ Memphis; mais on voit aussi qu'il a
„ voulu, pour mieux représenter le
„ Nil, y ajoûter des circonstances
„ particulieres à ce fleuve : car l'eau
„ en paroît trouble, comme en effet
„ elle est pour l'ordinaire moins
„ claire que celle des autres riviè-
„ res. Il a même peint des pescheurs
„ dans une longue barque, qui pour-
„ suivent l'hipopotasme qui ne se
„ trouve que dans le Nil ; & outre
„ cela, il a sur le devant représenté
„ un sphinx avec un vieillard apuyé
„ sur une urne, & tenant une corne
„ d'abondance, pour représenter le
Dieu

de Verſailles. 289

Dieu de ce fleuve de la maniére « que les anciens le figuroient. Il « eſt vray que quelques uns croyent « qu'il ſe ſeroit bien paſſé de mêler « la fable daus un ſujet tiré de « l'hiſtoire ſainte. Mais ſi on trouve « à redire à cette licence, le ta-« bleau pour cela n'en eſt pas moins « excellent, puiſque tout l'art y « paroît dans un haut degré. Le « peintre fit cet ouvrage pour le « ſieur Pointel ſon intime amy, « aprés la mort duquel le Duc de « Richelieu l'acheta, & de qui Sa « Majeſté l'a depuis eu. «

Ce tableau haut de trois pieds neuf pouces, large de ſix pieds, & dont Rouſſelet a gravé une planche, eſt préſentement à Verſailles dans le petit apartement du Roy.

JESUS
SORTANT DE JERICHO
qui touche les yeux de deux Aveugles.

Du Pouſſin.

Bien que dans cette eſtampe, « **XXV.** on ne puiſſe pas voir cette « *Tableau*

B 4

„ belle conduite de couleurs qui
„ rend le tableau si vray & si agréa-
„ ble, on y peut néanmoins consi-
„ dérer toutes les autres parties né-
„ cessaires dans un excellent ou-
„ vrage. Le Poussin pour représen-
„ ter le miracle que J. C. fit au
„ sortir de Jéricho, lors qu'il don-
„ na la vûë à des aveugles, a mis
„ sur le derriére de son tableau une
„ partie de la vile, qui paroît au
„ pied d'une montagne. Quoique
„ cette action fût arrivée à la vûë
„ d'un grand nombre de peuple, le
„ peintre néanmoins n'a mis que peu
„ de figures, & s'est contenté de
„ peindre J. C. accompagné de quel-
„ ques-uns des Apôtres, & de quel-
„ ques Juifs, qui sont témoins du
„ miracle qu'il fait. On remarque
„ la curiosité des Juifs par leurs
„ actions, & avec quelle attention
„ ils considérent comme J. C. tou-
„ che les aveugles: ce qui exprime
„ assez bien l'incrédulité naturelle
„ de ce peuple. C'est dans ces sortes
„ d'expressions si essentielles à la
„ vraye représentation d'un sujet,
„ que le Poussin a excellé sur la
„ plus grande partie des autres pein-

tes, n'ayant rien obmis de ce qui regarde les circonstances nécessaires aux actions qu'il a voulu figurer. Il fit ce tableau dans la vigueur de son âge pour le sieur Renon Marchand de Lion, de qui le Duc de Richelieu l'acheta, & depuis il est dans le cabinet du Roy. »

Ce tableau haut de trois pieds sept pouces, large de cinq pieds quatre pouces, & dont Château a gravé une planche, est présentement à Versailles dans le petit apartement du Roy.

STATUE DE DIANE.

Quelques-uns ont crû que cette statuë de Diane avoit été autrefois dans le temple d'Ephése, & qu'elle y avoit même rendu des oracles. Elle fut aportée à Paris sous le regne du Roy Henry IV. qui pour marque de l'estime qu'il faisoit de cette rare figure, fit bâtir exprés au bout de la grande galerie du Louvre la salle qu'on appelle la sale des anti-

Statuës & Bustes antiques des Maisons Royales. Première partie.

» ques, qu'il fit paver & revêtir de
» toutes sortes de marbres avec des
» pié destaux, & des niches, pour
» y mettre encore d'autres figures
» qui devoient venir d'Italie. L'on
» ne voit aucunes marques qui
» puissent faire connoître quel est le
» sculpteur qui l'a taillée. Ce que
» l'on peut dire, est qu'assûrément
» cette figure est tres-antique, &
» d'une grande beauté. L'air de son
» visage est noble & gracieux : Ses
» cheveux ramassez & noüez d'une
» bandelette, font une coëffure né-
» gligée, & découvrent un beau front,
» tel qu'Apulée décrit celuy de
» cette déesse. Ses épaules un peu
» plus larges qu'elles ne sont d'or-
» dinaire dans les femmes, sont
» aussi conformes à ce qu'en ont dit
» les Poëtes, de même que ses bras
» & ses jambes, dont ils loüent la
» force & la vigueur, à cause des
» exercices pénibles où elle s'adon-
» noit. Elle est représentée icy en
» habit de chasseresse, avec un car-
» quois sur ses épaules, & un vête-
» ment court & leger, qui n'empê-
» che point qu'on ne voye toutes
» les proportions d'un beau corps.

Cette statuë antique de marbre haute de six pieds, & dont la planche ainsi que celles des statuës & des bustes suivans a été gravée par Mellan, est à présent à Versailles dans la grande galerie.

STATUE DE BACCHUS.

Cette figure de Bacchus a été long-temps dans la salle des antiques avec la Diane dont il a été parlé. Elle est travaillée avec beaucoup de science, & représente Bacchus tel qu'il a toûjours été dépeint par les anciens, c'est à dire avec des cheveux longs & négligez, & toutes les parties de son corps parfaitement belles. Il est couronné de pampre : Une peau de tigre luy passe en écharpe de l'épaule gauche par dessous le bras droit qui est élevé sur sa tête, & qui par cette attitude laisse voir au dessous de l'aisselle une grande partie de son corps, où les muscles sont marquez avec beaucoup de science & de tendresse. Son bras gauche est apuyé sur un tronc d'arbre environné d'un cep de vigne.

Cette statuë de six pieds & demy de haut, est présentement à Versailles dans la grande galerie.

STATUE DE VENUS.

III. ,, DE toutes les divinitez que les
,, anciens adoroient, il n'y en
,, a point dont l'on ait fait tant
,, d'images que de Venus. Ce grand
,, nombre de statuës est cause que
,, plusieurs ont échapé à l'injure des
,, temps. Il est vray que l'on ignore
,, les noms des ouvriers qui les ont
,, faites, & qu'elles n'ont pas eu
,, toutes le même avantage que celle
,, qui est à Rome dans la vigne de
,, Medicis, que l'Hercule de Far-
,, nese, & que le Laocoon, aussi fa-
,, meuses par les noms des sculpteurs
,, que l'on y voit gravez, que par
,, leur beauté : mais comme il y en a
,, quantité de tres-belles, qui ne
,, laissent pas d'être considérables,
,, bien qu'on n'en connoisse pas les
,, auteurs, parce qu'elles portent
,, avec elles leur recommandation,
,, l'on doit considérer par son pro-
,, pre mérite, celle qui est aux Tuil-
,, leries. Elle est accompagnée d'un

Dauphin que l'on mettoit d'ordi- «
naire auprès de Vénus lors qu'on «
la représentoit nuë, & sortant de «
la mer, pour marque qu'elle avoit «
été engendrée dans cet élément. «
Comme les plus excélens scul- «
pteurs de l'antiquité cherchoient «
avec beaucoup de soin à faire voir «
ce qu'il y a de plus parfait dans «
la construction du corps humain, «
c'étoit particuliérement sur la sta- «
tuë de Vénus qu'ils s'éforçoient «
d'exprimer avec plus d'art & de «
science les diverses beautez qui peu- «
vent former le corps d'une femme «
parfaitement belle, comme l'on «
voit dans cette figure. «

Cette statuë de marbre haute de quatre pieds $\frac{1}{2}$, est présentement à Versailles dans la grande galerie.

STATUE
D'UNE CHASSERESSE,

Cette figure représente une jeu- «
ne Chasseresse vêtuë à la légére «
de la maniére que les Poëtes ont «
décrit les Nymphes compagnes de «

IV.

„ Diane : ce que le sculpteur a été
„ bien aise de suivre, afin de faire
„ paroître beaucoup de nud. D'une
„ main elle tient un arc, & paroît
„ en action de courir : C'est ce qui
„ a fait croire à quelques-uns qu'on
„ a voulu figurer Athalante qui
„ s'éxerce à la course, en quoy elle
„ surpassoit tous ceux de son temps.
„ Mais l'arc que cette figure tient
„ d'une main fait conjecturer que
„ c'est plûtôt une simple Chasseresse
„ qu'on a voulu représenter, que
„ l'image de cette Princesse : Si ce
„ n'est qu'on voulût dire que cette
„ Athalante n'est pas la fille de
„ Schoënée Roy de l'Isle de Schire,
„ qu'Hypomène vainquit par le
„ moyen des pommes d'or que Vé-
„ nus luy avoit données ; mais une
„ autre Athalante fille de Jasius ou
„ Jason Roy d'Arcadie, qui fuïant
„ la compagnie des hommes, s'at-
„ tacha auprés de Diane pour s'a-
„ donner au seul plaisir de la chasse ;
„ en quoy elle excella si fort, qu'el-
„ le eut l'avantage de fraper la pré-
„ miére un sanglier formidable, qui
„ faisoit un degât horrible par tout
„ le païs ; à cause dequoy Méléagre

fils d'Oenée Roy de Callidon, «
donna à Athalante les dépoüilles «
de cette bête. Or quelle qu'ait été «
l'intention que le sculpteur ait euë «
dans la représentation de cette «
figure, il en a fait une tres- «
belle image, où l'on reconnoît «
l'art, & la science d'un des plus «
excélens ouvriers de toute la «
Gréce, principalement dans la «
disposition de cette figure, dont «
le corps est si bien mis en équili- «
bre, que paroissant en action de «
courir, elle n'est soûtenuë que sur «
l'une de ses jambes, l'autre estant «
levée & en l'air. «

Cette statuë de marbre haute de trois pieds sept pouces, est présentement à Marly dans les jardins.

STATVE

D'VN JEUNE HOMME.

L'On ne voit dans cette statuë «
aucune marque particuliére «
qui puisse faire juger quel est ce- «
luy que l'on a voulu représenter. «
S'il est vray, comme Ciceron le «
remarque, que les Grecs ne fai- «

» soient guéros de statuës que pour
» des divinitez, ou des hommes
» extraordinaires ; on peut dire que
» celle cy estant véritablement une
» statuë greque, elle doit avoir été
» faite pour représenter un de leurs
» dieux ou de leurs héros. Le scul-
» pteur qui l'a faite a employé tout
» son art & toute sa science, pour
» représenter le corps d'un jeune
» homme bienfait.

Cette statuë de marbre haute de quatre pieds dix pouces, est présentement à Marly dans les jardins.

STATVE D'VN GLADIATEUR.

VI. » Cette statuë représente un Gla-
» diateur, mais aparemment un
» de ceux qui volontairement, ou
» pour une médiocre récompense,
» exposoient leurs vies, & com-
» battoient à la vûë du peuple ro-
» main, qui prenoit son divertisse-
» ment dans la cruauté de ces hor-
» ribles spectacles. Cette figure vient
» du Cardinal Mazarin. Ceux qui
» l'envoyérent d'Italie prétendoient
» que c'étoit une statuë d'Alexan-

dre le Grand, qui tient d'une «
main une épée, & de l'autre un «
sceptre, disant que la médaille «
qui sert d'agrafe au vêtement qu'il «
a sur son épaule, représente la «
tête d'Aristote. Comme il n'y a «
aucune autre marque particulière «
par laquelle ce prince soit bien «
désigné, & qu'il n'y a dans le «
visage aucuns traits qui ressem- «
blent aux autres statuës & médail- «
les greques qu'on en voit, on ne «
la considére que comme la figure «
d'un gladiateur. «

Cette statuë de marbre haute de trois pieds quatre pouces, est à présent à Marly dans les jardins.

STATVE DE MERCVRE.

Mercure fils de Jupiter & de «
Maïa fut tenu par les an- «
ciens pour l'Ambassadeur & le «
Messager des Dieux: C'est pour- «
quoy ils l'ont toûjours représenté «
avec des aîles à son chapeau, & «
un caducée à sa main. Et parce «
qu'ils le regardoient aussi comme «
la divinité qui présidoit sur tout «
ce qui concerne le trafic & la «

VII.

» marchandise, on luy mettoit une
» bourse à la main, comme dans
» cette statuë que l'on voit confor-
» me à ce qu'en ont écrit les Poëtes
» & les Historiens, qui disent mê-
» me que les Grecs le représen-
» toient avec le front grand, tel que
» l'avoit Alcibiade, à la ressemblan-
» ce duquel ils ont en plusieurs ren-
» contres formé le visage de cette
» divinité.

Cette statuë de marbre haute de quatre pieds $\frac{1}{2}$, est présentement à Marly dans les jardins.

STATVE D'AGRIPPINE.

VIII. » L'Opinion commune est, que
» cette statuë représente Agrip-
» pine sortant du bain. Il n'y a point
» de marques particuliéres qui fassent
» connoître si c'est Agrippine fem-
» me de Germanicus, ou sa fille
» surnommée Julie, mere de Né-
» ron. Ce qu'il y a de considérable
» dans cette statuë, est le soin que
» l'ouvrier a aporté à bien re-
» présenter le nud au travers d'un
» vêtement dont elle est couverte;

« il semble que ce soit un linge
« qui l'envelope, & qui tout mouil-
« lé, soit comme colé sur son corps,
« ainsi qu'il arrive à ceux qui sor-
« tent de l'eau. Il y en a qui ont
« crû que cette statuë estoit de
« l'Impératrice Julia Mammea mere
« de l'Empereur Aléxandre Sévére.
« Il est difficile de dire au vray
« quelle est la plus certaine de ces
« opinions. Cette figure vient du
« cabinet du Cardinal Mazarin. »

Cette statuë de marbre haute de quatre pieds, est présentement à Marly dans les jardins.

STATUE DE CÉRÉS.

« COmme Cérés a été considé-
« rée par les anciens pour la
« déesse des grains, & celle qui a
« enseigné aux hommes l'art de cul-
« tiver la terre, les sculpteurs l'ont
« toûjours représentée tenant des
« épics de bled, ainsi que l'on voit
« dans cette statuë, qui représente
« une femme vêtuë d'habits ma-
« jestueux, parce que quelques Au-
« teurs ont crû que Cérés fut une
« Reine de Sicile, qui avoit une
« fille qui fut enlevée par Orcus

„ Roy des Moruſſiens; ce qui a don-
„ né ſujet à la fable du raviſſement
„ de Proſerpine par Pluton.

Cette ſtatuë de marbre haute de
ſix pieds, eſt préſentement à Verſailles dans les jardins.

STATVE

DE LA MVSE THALIE.

X.   „ CEtte figure repréſente la Muſe
„ Thalie. Le ſculpteur luy a
„ mis un maſque à la main, à
„ cauſe qu'elle préſide à la comedie.
„ On luy attribuë l'invention de la
„ géométrie & de l'agriculture.
„ Plutarque la nomme la déeſſe des
„ banquets, & dit qu'elle rend les
„ hommes ſociables, & d'une agrea-
„ ble compagnie. On peut juger de
„ la beauté de cette ſtatuë par le
„ ſoin que l'ouvrier a pris à repré-
„ ſenter le corps d'une belle femme,
„ dont les habits ſont ſi légers, &
„ travaillez avec tant d'art & de
„ délicateſſe, qu'encore que ſon
„ corps en ſoit tout couvert, on ne
„ laiſſe pas d'apercevoir le nud au
„ travers de ſes vêtemens; ce qui

donne à cette figure beaucoup de "
grace & de majesté. "

Cette statuë de marbre haute de quatre pieds, est présentement à Marly dans les jardins.

STATVE DE FLORE.

LA guirlande & les fleurs que "
cette statuë tient, font bien "
juger que c'est la déesse Flore "
qu'on a voulu représenter. On "
sçait assez que Flore a été une "
célébre courtisane, qui laissa son "
bien au peuple de Rome, & qui "
destina quelque somme de deniers "
pour la célebration de certains "
jeux, qu'on apelloit Floreaux; "
en reconnoissance dequoy les ro- "
mains firent de cette courtisane "
une divinité, à laquelle ils attri- "
buérent le pouvoir de faire fleurir "
les plantes. Pour cacher à la posté- "
rité ce qu'elle avoit été pendant "
sa vie, ils feignirent aprés sa "
mort qu'elle étoit femme du Ze- "
phire, le plus doux & le plus "
agréable des vents. Ils luy bâti- "
rent un temple sur le mont Qui- "
rinal, & luy dresserent plusieurs "

XI.

» statuës. On en voit une à Rome
» dans le Palais Farnese, qui est
» couronnée de fleurs. Elle est de
» marbre blanc, & beaucoup plus
» chargée de vêtemens que celle-cy,
» dont l'habit est d'un marbre gri-
» sâtre.

Cette statuë de marbre haute de quatre pieds quatre pouces, est présentement à Marly dans les jardins.

STATVE D'VNE FEMME.

XII. » Quelques-uns ont crû que
» cette figure représente la
» déesse Cérés, & que ce sont des
» pavots qu'elle tient dans sa main.
» Il est assez difficile d'en bien ju-
» ger, parce qu'étant gâtez par la
» longueur du temps, on ne les
» peut bien distinguer. Cette figure
» est très-belle, & très-antique.
» Il paroît qu'elle est de la main
» d'un des plus excellens ouvriers
» qui travailloient à Rome, où vray-
» semblablement elle a été faite,
» ce qui se reconnoît à ses vête-
» mens, dont les Grecs ordinairement

ment n'avoient pas accoûtumé de " vêtir leurs figures. "

Cette statuë de marbre haute de six pieds, est présentement à Versailles dans les jardins.

STATVE DE PORCIE.

"Quoique cette figure n'ait pas plus de deux pieds de haut, elle ne laisse pas d'être d'une grande beauté. Aussi les anciens prenoient un soin particulier à faire de ces petites statuës, parce qu'elles servoient d'ordinaire à orner, & à embellir les cabinets, & les lieux les plus considérables des Palais. Ce vase plein de feu, d'où l'on voit que cette femme prend des charbons, fait bien connoître que c'est la figure de Porcie fille de Caton, & femme de Brutus, qui pour ne pas survivre son mary, se fit mourir elle-même, en s'étouffant avec des charbons ardens qu'elle mit dans sa bouche, ne pouvant se servir d'autres moyens, parce que ses parens veilloient continuellement sur elle.

Cette statuë de marbre haute d'un pied neuf pouces, est présentement à Versailles.

STATVE D'VN FAVNE.

XIV. „ LEs anciens Romains mirent
„ Faune Roy d'Italie au nom-
„ bre de leurs dieux, à cause qu'il
„ avoit inventé beaucoup de choses
„ touchant le labourage; & dans les
„ images qu'ils en firent, ils le re-
„ présenterent avec des cornes à la
„ tête, & des pieds de chévre. Ils le
„ firent pére des faunes, des satyres,
„ des pans, & des sylvains, qu'ils
„ estimoient des demy dieux, qui
„ habitoient les forêts, les bois, &
„ les montagnes. Les Laboureurs, les
„ Bergers, & les autres habitans
„ de la campagne adoroient ces di-
„ vinitez, & les consideroient com-
„ me leurs protecteurs. Or bien
„ qu'on les représentât ordinaire-
„ ment avec des cuisses & des jam-
„ bes de chévre, on voit néanmoins
„ des statuës où ils n'ont rien de
„ différent des autres hommes, si

non qu'ils ont les oreilles longues « & pointuës, & une queüe sem- « blable à celle des autres satyres. « Ce que l'on peut observer de par- « ticulier dans cette statuë, c'est « que les proportions du corps sont « différentes de celles des autres di- « vinitez, & tiennent plus de celles « des hommes rustiques & cham- « pêtres que non pas de celles des « héros, à cause que les faunes sont « les dieux de la campagne, & de « ceux que le Guarini apéle *della* « *plebe de gli Dei*. «

Cette statuë de marbre haute de quatre pieds deux pouces, est présentement à Versailles dans les jardins.

AVTRE STATVE D'VN FAVNE.

CEtte statuë représente un Fau- « ne semblable au précédent. « Il est comme apuyé sur une outre, « & tient dans ses mains de ces « sortes d'instrumens dont joüoient « ordinairement les Baccantes, & « ceux qui suivoient Bacchus. Cette « figure paroît de la même main «

XV.

» que l'autre Faune qui tient un
» chalumeau, & font toutes deux
» d'un excélent travail. Elles vien-
» nent du Cardinal Mazarin.

Cette ſtatuë de marbre haute de quatre pieds deux pouces, eſt préſentement à Verſailles dans les jardins.

BUSTE

D'VN SENATEUR

Romain.

XVI. » Cette tête avec ſon buſte re-
» préſente un Sénateur Romain
» envelopé d'un manteau jetté ſur
» l'épaule gauche, & qu'il tient de
» la main droite. Tous les traits du
» viſage ſont marquez avec beau-
» coup d'art & de ſcience ; & l'on
» voit quelque choſe dans les yeux
» de fier & de hardy.

Ce buſte de marbre eſt préſentement à Verſailles.

de Versailles. 309

BUSTE
D'VNE DAME
Romaine.

LE Sculpteur a représenté icy une Dame Romaine couverte d'un habit fort ample, & coëffée d'une maniére négligée. Cette tête est fort belle & bien conservée.   XVII.

Ce buste de marbre est présentement à Versailles.

AVTRE BVSTE
D'VNE DAME
Romaine.

LA coëffûre particuliere de cette figure fait juger, que c'est une personne d'une grande considération que l'on a représentée, parce que toutes les Dames Romaines ne portoient pas indifféremment un ornement aussi riche, & semblable à celuy dont   XVIII.

,, cette tête est parée. Les vêtemens
,, qui la couvrent, & qui forment
,, le buste, sont d'un marbre jaspé,
,, & la tête de marbre antique. Elle
,, vient du Cardinal Mazarin.

Ce buste de marbre est présentement à Versailles.

A. FELIBIEN.

Toutes les descriptions précédentes de tableaux, de statuës & de bustes antiques ont déja été mises au jour en l'année 1679. mais voicy quelqu'autres descriptions de peintures qui n'ont point été imprimées, quoy qu'il y ait plusieurs années qu'elles soient faites.

DESCRIPTION D'UN TABLEAU DE M. IGNARD le Romain.

COmme je suis obligé de parler icy d'un tableau dont l'invention est nouvelle, je tâcheray d'en faire connoître toutes les parties. L'auteur s'étant formé une haute idée de la gloire du Roy & du bruit de ses grandes actions, semble avoir porté son imagination jusqu'aux climats les plus éloignez pour exprimer d'une maniére ingénieuse la puissance que ce grand Prince s'est acquise sur la mer aussi bien que sur la terre. Deux belles femmes représentent des victoires. La premiére tient d'une main une trompette, dont la banderolle est semée de fleurs-de lys. Elle embouche une autre trompette pour faire retentir par tout l'univers le nom de LOUIS LE GRAND. La seconde qui est vêtuë d'un habit de couleur changeante, tient un guidon blanc doublé de drap d'or, au milieu duquel est un soleil qui est le corps de la devise du Roy. Au dessus de cette femme est un amour qui tient une tige de lys. Il semble que ce soit au bruit & à l'aspect de ces victoires que Neptune arrive & se présente environné de Nymphes & de Tritons. Il est debout dans un char de nacre tiré par deux chevaux marins, & il éléve les bras, les mains, & tout son corps pour offrir sa couronne, son trident qui est son sceptre, la conduite de son char & sa personne même à celuy dont il considére la devise, & duquel il entend éclater le nom. La taille de Neptune est grande, l'air de son visage est plein de majesté, & sa barbe est longue & d'une blancheur tirant sur le verd de la maniére dont on la représente aux divinitez des eaux. Une des Nymphes qui l'accompagnent est au delà de son char, sur lequel elle s'apuye d'une main, tenant de l'autre une coquille pleine de perles. Le char qui est devant elle empesche qu'on la voye entiérement. Il y a deux autres Nymphes assises sur un

loup;

loup-marin. Celle qui le conduit a les cheveux blonds noüez avec des fils de grosses perles. L'autre Nymphe d'un air fort enjoüé a l'action d'une jeune fille, & se détourne pour regarder deux petits amours qui sont à côté du char de Neptune sur un Dauphin. Ce n'est pas sans raison que le peintre s'est étudié à representer ces trois Nymphes avec une beauté, une délicatesse & une fraîcheur admirable, puisque c'est ainsi que les Poëtes ont décrit les Néréïdes à qui la Reine Cassiope mere d'Andromede eut la hardiesse de se comparer. Mais c'est aussi avec beaucoup de jugement qu'il ne les a pas fait paroître avec cette humeur folâtre qu'on leur attribuë, & qui ne conviendroit pas à une action aussi sérieuse que celle qu'il a peinte. Ainsi le peintre plûtôt que d'enrichir son sujet par de nouveaux ornemens, a choisi des poissons difformes & monstrueux pour porter les Nymphes & les amours. Cette oposition leur donne plus de lustre & de délicatesse, & sert aussi à faire avancer le devant de son tableau, où l'eau de la mer battuë & agitée par le

Dd

mouvement des chevaux & des figures forment des vagues plus fortes & plus élevées.

Au delà & à côté des chevaux marins, & des autres figures qui tirent le char de Neptune, il y a un Triton, qui d'une main tient la bride de l'un de ces chevaux pour l'arrêter, & de l'autre main il soûtient les rênes. Ce triton est couronné de branches de corail & de feüilles d'eau. Il a les membres forts & la chair rouge; parce que les Poëtes representent ainsi ces habitans de la mer, & qu'Ovide dit que Triton a les épaules de pourpre. Il est couvert d'une draperie changeante de couleurs un peu fortes, qui font paroître avec plus d'avantage la blancheur du corps & la couleur des cheveux blonds de la Nymphe qui est devant luy.

Un autre Triton à demy enfoncé dans l'eau, est à la tête de l'autre cheval, qu'il retient par la bride & par les crins, comme pour donner le temps à Neptune de rendre ses hommages & d'offrir ses présens. Le premier est vû de front; & le second pour faire une attitude différente, ne paroît que de profil.

Derriére le char il y a plusieurs Tritons qui ont aussi la tête couverte de corail & de feüilles. L'un avec une grande coquille pleine de corail & de perles, paroît presque hors de l'eau ; on le voit depuis la ceinture en bas, il se soûtient par des nageoires qui forment ses cuisses, & le reste de son corps se termine par une queuë de poisson.

Trois autres Tritons le suivent. Celuy qui est sur le devant tient d'une main un cornet, & de l'autre une conque, de laquelle il sonne comme d'une trompette. Il est à demy dans l'eau qui boüillonne autour de luy. Ses cheveux sont abattus & moüillez. L'air de son visage est plus grossier, & ses membres plus robustes que ceux des autres. L'effort qu'il fait en avançant dans l'eau, & en soufflant dans sa conque, rend ses muscles & ses nerfs plus aparens. Un jeune Triton d'une proportion moins forte, tient de la main droite une branche de corail, & de la gauche une conque pleine de perles & de croissances de mer. Plus loin le troisime Triton fend les vagues & semblant se hâter de joindre les premiers, laisse à penser qu'il y en a encore qui le suivent.

Une mer d'une vaste étenduë perce le milieu du tableau, & l'industrie du peintre a si bien réussi dans la diminution du plan, que la vûë venant à se perdre, on diroit que l'eau n'a point de bornes de ce côté-là, & qu'elle s'étend jusqu'au bout du monde, n'estant terminée que du ciel, auquel elle semble se joindre à l'extrémité de l'horison.

A l'un des côtez de ce même tableau, on voit avancer dans la mer une vile bâtie solidement, & d'une maniére conforme à sa situation. De l'autre côté sont des montagnes, les unes plus éloignées que les autres qui se dérobent insensiblement à la vûë.

Proche de ces montagnes & au milieu de la mer calme & tranquile, des vaisseaux dans des distances & des éloignemens différens interrompent la surface de l'eau, qui sembleroit une glace de miroir, sans une petite agitation qui éleve ses ondes.

Une lumiére judicieusement répanduë par tout est jointe à une sçavante dégradation de tous les corps. Enfin comme le sujet de ce tableau regarde la gloire & la puissance du Roy qui se répandent par toute la terre, d'une maniére à faire aimer & admirer ses grandes vertus & les hautes qualitez qu'il possède; l'on voit que toutes les figures paroissent dans une admiration respectueuse & pleine d'amour & de soûmission, ce qui fait que l'on entre aisément & avec plaisir dans les mêmes sentimens, c'est-à-dire dans un profond respect, & une grande vénération pour la personne du Roy.

A. FÉLIBIEN.

EXPLICATION
DU PRINCIPAL TABLEAU
de la grande galerie.

LE Roy voulant qu'on embelît la galerie de Versailles d'ornemens & de peintures convenables à la grandeur & à la magnificence de ce bâtiment, on crut ne pouvoir rien faire de plus agréable ny de plus digne de cette Royale maison qu'en représentant dans des tableaux les plus mémorables actions que Sa Majesté a faites depuis qu'il a pris luy-même le soin de son Royaume.

Mais parce que dans l'exécution de ce dessein, le peintre a accompagné ses sujets de figures allégoriques, on a jugé nécessaire, pour les bien faire entendre, d'expliquer sa pensée, & de faire un plan de la distribution de tout l'ouvrage.

Il a feint dans l'étenduë du cintre plusieurs ouvertures, au travers desquelles on voit les actions qu'il a représentées ; & pour le reste de la voûte qui marque de la solidité, il l'a enrichi de différens ornemens. Au plus haut du cintre & à l'endroit de la clef, il a mis des bas-reliefs, dont les figures sont d'azur sur un fond d'or, & en d'autres endroits, il a comme enchâssé des tableaux de différentes grandeurs.

Le tableau sur lequel on doit s'arrêter d'abord est au milieu de la galerie. C'est-là qu'on a représenté le Roy lorsqu'après avoir mis le calme dans ses Etats, & fait la paix avec l'Espagne par son heureux mariage, il joüissoit au milieu de sa Cour d'un doux & agréable repos. Il paroît assis dans un trône ; les graces sont autour de luy figurées par trois belles femmes qui ont la tête couverte de fleurs; les jeux, les ris, & les divertiffemens l'environnent, & font exprimez par de jeunes enfans. La tranquilité est au pied du trône, & la France dans un des coins du tableau. Elle est couverte d'un grand manteau bleu, & apuyée sur un bouclier, au deffous duquel est la difcorde écrafée. La Seine figurée par une femme qui tient une urne d'où fort une abondance de fruits est affife auprés de la France qui paroît dans l'ombre, & n'est éclairée que par le flambeau de l'hymen qui est derriére elle. Plus haut le Temps fous la figure d'un vieillard leve une efpéce de tapifferie, comme pour découvrir le Roy, pendant que Minerve déeffe de la fageffe montre à Sa Majesté une belle femme affife fur des nuées, & dont les traits du vifage ont beaucoup de douceur, de grace & de majefté. Sur fes cheveux blonds brille une couronne d'or, & fa tête est toute environnée de lumiére. Elle a la gorge & les bras découverts. Une efpece de tunique blanche qui luy couvre le reste du corps est serrée d'une ceinture d'or, & par dessus est un grand manteau bleu rehaussé d'or. Cette figure représente la gloire qui tient une couronne d'or surmontée d'étoilles. Le Roy transporté de joye à la vûë de cette divinité si charmante paroît épris d'amour pour sa beauté, & d'un ardent desir de posseder la couronne qu'elle luy offre.

La Valeur figurée par le dieu Mars est auprés de la Gloire, & semble inviter ce grand Prince à la suivre pour recevoir de sa main cette couronne immortelle.

Derriére la gloire & la valeur paroît la victoire ayant des aîles au dos, & tenant une lance. Au dessus du Roy l'on voit sur des nuages toutes les divinitez assemblées pour favoriser ses entreprises. Appollon qui est dans son char précédé de l'aurore & de l'étoile du jour, semble hâter ses chevaux pour venir se joindre à elles.

Comme cette action paroît par une ouverture feinte qui comprend tout le ceintre de la galerie depuis un des côtez jusqu'à l'autre, le peintre a représenté dans le même espace & à l'oposite du sujet dont on vient de

de Versailles. 321

parler un groupe de trois figures de femmes. Celle du milieu est plus élevée que les deux autres. Elle est assise sur un nuage, & derriére elle est un aigle qui étend ses aîles & avance le col. Cette femme a sur sa tête une couronne fermée. Elle est couverte d'un grand manteau en broderie. De la main gauche elle tient un sceptre; & s'apuye fiérement le bras droit sur sa hanche.

La femme qui est à sa droite a le teint plus basanné; elle n'a pas moins de fierté dans sa contenance, & outre cela on apperçoit dans son visage quelque chose de moins humain. Aussi à côté d'elle voit-on un trône renversé; sous ses pieds un lion qui dévore un Roy des Indes, & tout proche une femme en furie qui d'une main tient un flambeau allumé dont elle embrase des édifices, & de l'autre elle arrache la couronne de dessus la tête d'un Prince abatu sous elle.

La troisiéme femme qui est au côté gauche de celle du milieu, a l'air de son visage assez différent des deux autres. Elle est appuyée contre un lion qui tient plusieurs fléches dans ses griffes. D'une main elle tient un trident, & de l'autre le bout d'une chaîne à laquelle une femme couronnée de branches de corail est attachée.

Le peintre par ces trois figures a voulu représenter l'Empire, l'Espagne & la Hollande.

Au dessus de ces figures est Mercure tenant son caducée; il semble descendre du ciel & parler à ces trois femmes. La pensée du peintre est, qu'il leur fait connoître que le Roy attiré par la gloire & assisté de toutes ces divinitez sera bien-tost en état d'abaisser leur orgueil, punir leur cruauté, & renverser leurs ambitieux projets. On voit même Jupiter qui tient un foudre à la main, & semble les menacer.

C'est par ces divinitez qui sont au milieu de la voûte que le peintre a joint ces deux sujets ensemble, & qu'il n'en a fait qu'un seul tableau, par lequel il a voulu faire connoître comme le Roy transporté du desir de la gloire, aprés avoir goûté les plaisirs de sa Cour dans les premiers temps de son mariage, les quite & s'en sépare pour s'apliquer aux emplois où la gloire elle-même l'appelle, & après avoir établi l'ordre & la justice dans son Royaume, se rendre protecteur des peuples & l'arbitre des Nations.

A. FELIBIEN.

Tableau de le Brun.

CE tableau exprime d'une manière admirable l'état où nôtre Seigneur estoit dans le jardin des olives. Jamais l'art de la peinture ne représenta mieux une douleur excessive. Elle paroît dans tous les traits du visage de nôtre Seigneur, & sur toutes les parties de son corps : Et il n'y a point de coup de pinceau qui n'y marque quelque sensibilité, & quelque souffrance.

Mais si le corps est abbatu & languissant ; si la sueur & le sang qui en coulent marquent de l'accablement & de la foiblesse, les yeux du Sauveur élevez en haut montrent que son ame toute divine n'est pas moins élevée vers le ciel que son corps est humilié sur la terre, & que s'il y a de la défaillance dans sa chair, il y a de la force & de la résolution dans son esprit pour remplir le decret éternel de Dieu son pere.

A. F.

Tableau de Mignard.

DAns ce tableau le peintre a pris le moment que Jesus-Christ se trouvant accablé du poids de sa croix au sortir de Jerusalem, les Juifs la chargérent sur les époules d'un cyrénéen, nommé Simon. La figure de nôtre-Seigneur occupe le milieu du tableau, Simon est à côté, & plusieurs soldats sont autour d'eux. Plus loin on voit les deux larrons qui marchent au suplice, conduits par des bourreaux & par des Juifs qui portent divers instrumens de la passion de Jesus-Christ, le fond de ce même tableau est une des portes de la vile de Jerusalem, & un chemin pour aller au Calvaire, avec un païsage dans l'éloignement. On voit sortir de la vile le Centurion à cheval suivi de soldats Romains qui marchent en ordre. Au devant de ces soldats la sainte Vierge mere de J. C. saint Jean, sainte Marie-Madelaine & Marie Salomé ont toutes les yeux attachez sur la personne du Sauveur. Un soldat semble vouloir les faire retirer. D'autres femmes en pleurs représentent les filles de Jérusalem pour marquer l'endroit de la prophétie, qui dit : *Ne pleurez pas sur moy, filles de Jérusalem, mais pleurez sur vous-mêmes & sur vos enfans.* Quantité de jeunesgens qui semblent être accourus pour voir ce triste spectacle, sont au-devant des larrons. Et plus loin des soldats à cheval & à pied s'avancent vers le Calvaire, pendant que plusieurs personnes de tout âge & de tout sexe occupent les chemins & sont placez sur des hauteurs pour voir de plus loin ce qui se passe.

 Toute cette composition est traitée avec beaucoup d'art. Et les figures en sont si bien dégagées, quoy qu'en fort grand nombre, qu'il pourroit y en avoir encore une plus grande quantité sans confusion ny sans embaras. Elles sont très bien dessinées, & il y paroît de la variété, non-seulement dans les attitudes; mais encore dans les airs de têtes, dans les différentes expressions qui marquent sur les visages les sentimens intérieurs de chaque personne. L'on distingue aisément les soldats Romains d'avec les Juifs. On juge que ces derniers qui paroissent comme autant de bourreaux se repaissent déja du sang innocent du divin Sauveur. Et J. C. léve la tête vers le ciel, comme pour offrir ses souffrances au Pére éternel. Sa douleur paroît sur son visage, où l'on a aussi exprimé une constance digne d'un Dieu souffrant; il y a de la noblesse dans la douleur qui accable la sainte Vierge. Enfin le peintre s'est efforcé de donner à chacune de ces figures le vray caractère qu'elles doivent avoir, & il y a une convenance parfaite dans les vêtemens, desorte que l'on peut dire que ce tableau est un des plus sçavans qui soit sorti de ses mains. Il est à Versailles dans le premier apartement du Roy.

CHÂNORD

Changemens qui ont esté faits à Versailles en divers endroits du Château, pendant l'impression de ce volume.

LEs nouveaux embelissemens que l'on vient de faire à Versailles dans le principal apartement haut du vieux Château doivent être décrits avec autant de soin, qu'on a eu de plaisir à les considérer. L'escalier semble être fort agrandi par l'ouverture d'une arcade qu'on a faite en haut vers le septentrion. Elle y aporte un nouveau jour, & y fait voir un palier, qui contient tout l'espace du vestibule qu'on trouvoit proche de la sale des Gardes de l'apartement du Roi. Ce nouveau palier est incrusté de marbre, ainsi que le reste de l'escalier; & il y a sous l'arcade une balustrade aussi de marbre pour y servir d'appuy. Une arcade avec une semblable balustrade orne de l'autre côté de l'escalier vers le midi une ouverture feinte de pareille hauteur & largeur que celle du palier, mais remplie d'un grand tableau représentant une galerie ou espéce de colonnade en perspective. Outre plusieurs figures qui paroissent dans le lointain, on a peint sur le devant un jeune homme avec une corbeille de fleurs en ses mains.

L'on n'a rien changé dans la sale des Gardes. Pour l'antichambre du Roy, où l'apartement de nuit de Monseigneur le Duc de Bourgogne a son entrée vers le midi; deux grandes portes qui sont aux côtez de la cheminée, font découvrir à l'occident un nouveau salon qui ne surprend pas moins par sa richesse, que par sa grandeur. Il contient tout l'espace d'une seconde antichambre, & d'une chambre où l'on a vû jusqu'ici le lit du Roi : ainsi ce nouveau salon a au moins 60 pieds de longueur sur environ 26 pieds de largeur ; & son exhaussement qu'on a beaucoup augmenté, a donné moyen de faire une ouverture ovale de fenêtre dans le haut de l'extrémité vers le midi. Il y a en bas à cette même extrémité trois arcades, dont deux servent de fenêtres, & l'autre est la porte de l'escalier de dégagement

de Versailles.

par où l'on monte de l'apartement de Monseigneur à l'apartement du Roi. C'est au dessus de l'arcade du milieu que l'ouverture ovale de fenêtre, que l'on nomme un œil de bœuf, a été faite pour donner plus de jour au salon.

Ce salon a vers l'orient entre les deux portes de l'antichambre le grand tableau où Paul Veronese a peint Ester à demi évanoüie entre les bras de ses compagnes en la presence du Roi Assuerus son époux. La bordure de ce tableau est portée sur la corniche d'une espéce de soûbassement, soûtenuë par deux consoles. Deux petits tableaux aussi de Paul Véronése sont audessus des portes de l'antichambre : L'un represente les pasteurs ou bergers qui adorerent Jésus-Christ à sa naissance ; & l'autre le corps de J. C. que l'on met au tombeau.

Le salon a du même côté quatre fenêtres, l'une au bout vers le midi, les trois autres à l'autre bout, & toutes accompagnées de tremeaux de glaces. Au côté vers l'occident on voit dans le milieu quatre arcades séparées, aussi par des tres meaux de glaces, & qui donnent entrée dans la grande galerie, d'où le salon reçoit encore un jour considérable par ces arcades. Du même côté il y a vers le midi un grand tableau représentant Judith qui tient la tête d'Holopherne qu'elle a coupée ; & à l'autre bout vers le septentrion un tableau de Bethsabée dans le bain à qui un serviteur de David déclare la passion de ce Prince qui la regarde du haut de son palais. Ces deux tableaux sont de Paul Véronése & trés-beaux. Deux espèces de soûbassemens ornez chacun de quatre petits pilastres attiques en soûtiennent les bordures ; & plusieurs grands pilastres composites portent la grande corniche qui environne le salon. C'est au milieu de la quatriéme face qui occupe l'extrémité du salon vers le septentrion que la cheminée est placée. Son chambranle est de marbre : De grandes glaces de miroir remplissent seuls l'espace qui est au dessus, jusqu'à la grande corniche du salon : & plus haut sur cette même corniche, il y a un tableau qui représente la fuite de nôtre Seigneur en Egypte peint par

Gentileschi. Le tableau est placé dans l'enfoncement d'une ouverture ovale feinte qui fait simmétrie avec l'ouverture de fenêtre ou œil de bœuf, qu'on a remarquée vis-à-vis. La cheminée forme une espéce d'avant-corps entre deux pilastres, proche desquels il y a deux portes, l'une feinte & l'autre véritable pour entrer dans la chambre du Roi. Deux tableaux du Bassan ornent le dessus de ces portes. Mais quelque plaisir que l'on prenne à considérer dans ce salon tout ce qui fait la richesse & la beauté de ces lambris, où l'or est employé avec abondance à couvrir sur un fond blanc tous les ornemens du sculpture, & jusqu'aux moindres moulures, tant des chambranles de portes & de fenêtres, que des bordures de tableaux & de glaces, des simples compartimens de menuiserie, des pilastres, des corniches, & d'autres ornemens d'architecture. On considére néanmoins avec encore plus d'aplication une grande frise rampante d'une invention nouvelle qui environne tout le salon dans la naissance de sa voute audessus du grand entablemens. Cette grande frise est surmontée d'une autre corniche qui forme deux espéces de frontons ronds audessus de la nouvelle ouverture de fenêtre & de l'ouverture feinte qui lui est opposée; Chacun des frontons est porté par deux figures de jeunes hommes en bas relief, & le reste de la frise à fond blanc est enrichi de roses & de compartimens en façon de reseaux d'or: Et il y a sur cette riche mosaïque, quantité de figures en bas relief aussi toutes dorées, qui representent des enfans de grandeur naturelle; plusieurs semblent s'occuper à courir aprés des oiseaux, à dompter des lions, & d'autres bêtes feroces; d'autres s'exercent à sauter, à dancer, à manier diverses armes, quelques-uns sont portez comme en triomphe. Les corniches sont toutes dorées, & celle de dessous a des modillons, dont chaque intervalle est rempli d'une médaille, avec des festons de fleurs, & des branches de palme & de laurier.

L'on ne peut trop considérer dans la chambre du Roi qui servoit autrefois de salon, les changemens qu'on y a faits, & les ornemens nouveaux dont on l'a embellie. Elle est toute boisée, & presque entierement dorée sur un fond blanc, ainsi que le grand salon; mais ornée avec encore plus de magnificence. La cheminée est placée à présent vers le septentrion; son chambranle de marbre occupe le bas d'une grande arcade remplie de glaces de miroir, & dont le cintre est porté par des pilastres ioniques, & chargé d'une cassolette fumante, accompagnée de festons de fleurs, & de deux zéphires figurez par des enfans en bas relief qui ont des aîles de papillon au dos. Il y a une semblable arcade vis-à-vis aussi toute remplie de glaces & accompagnée d'ornemens. L'on a doré de nouveau les pilastres, & tous les ouvrages de sculpture qu'on a conservez. Une grande arcade surbaissée sert du côté de l'occident vis-à-vis des fenêtres, à augmenter la profondeur de cette chambre pour y placer plus commodément le lit du Roi.

Deux figures de femmes assises sur l'archivolte de l'arcade tiennent des trompettes en leurs mains pour représenter des renommées; tout le dedans du cintre de la même arcade audessus de la corniche portée par des pilastres d'ordre composite dans les autres faces de la chambre, est rempli d'un compartiment doré de cadres & de roses qui forment sur un fond blanc une espece de mosaïque. C'est-là que l'on a représenté dans l'étendûë du même cintre par des sculptures toutes dorées, la France assise sur un amas d'armes sous un riche pavillon; Le reste du même enfoncement sous la corniche qui sépare le cintre est tendu pour l'hiver de tapisserie; & le lit qu'on y a placé est neuf, & d'un dessein aussi beau que magnifique. Il est de velours cramoisi couvert de broderie si tissuë d'or, qu'à peine en peut-t'on connoître le fond: On voit encore dans cette chambre quatre portieres de tapisseries neuves à fond d'or, où des ornemens ingénieusement travaillez, & des figures au naturel représentent les quatre saisons. Les portieres & les autres meubles du grand salon que l'on à décrit & de deux cabinets dont il reste à parler ont esté aussi renouvellez. L'on n'a point changé dans la chambre les tableaux de dessus les portes, ni les tableaux de l'attique ; mais on a ôté la sainte Cecile & le David, tous deux du Dominiquin, qui étoient l'un au dessus de la cheminée & l'autre vis-à-vis.

De la même chambre à coucher, on entre par les portes vers le septentrion dans le Cabinet du conseil qu'on a beaucoup exhaussé & accrû, en diminuant la grandeur d'une autre piéce, qu'on apelloit le cabinet des termes, & qui a vûë sur la petite cour de l'apartement des bains. Ces deux piéces, la chambre à coucher & le grand salon ont à présent à toutes leurs fenêtres des arriéres voussures qui en augmentent le jour, & qui sont embellies d'ornemens dorez, où l'on voit sur des compartimens de cadres remplis de roses, les chiffres du Roi, & le soleil qui est le corps de la devise de Sa Majesté.

Le Cabinet du conseil est maintenant une grande & magnifique piéce, il est presque tout doré & lambrissé de glaces, tant du côté des fenêtres, que des trois autres côtez ; La face opposée aux fenêtres à trois arcades, dont les cintres de mê-

me que les arriéres voussures des fenêtres sont ornées de compartimens,
de cadres dorez remplis de roses, &
surchargé des chiffres & du corps de
la devise du Roi; Le reste de ces arcades est rempli de glaces de miroir.
L'arcade du milieu plus grande que
les deux autres à la clef de son archivolte ou bandeau ornée d'un sceptre,
& d'une main de justice passez en-
sautoir, avec la couronne royale audessus : Des frises d'ornemens aussi
toutes dorées embellissent les intervales des arcades; & les angles ou écoin-
çons des arcs audessus des bandeaux
sont enrichis de compartimens en
mosaïque, de cadres remplis de
roses.

Pour les deux autres faces du même cabinet elles sont semblables l'u-
ne à l'autre : La cheminée est dans le
milieu de la face vers le septentrion;
Des glaces remplissent une grande arcade qui est audessus de la cheminée;
une arcade semblable que l'on voit au
côté opposé ; & les tremeaux entre
chacune de ces deux arcades, & les
deux portes qui sont de part & d'autre : Des chiffres du Roi dans des cartouches couronnez & accompagnez

de Versailles. 347

de cornes d'abondance ornent le dessus des cintres de chaque arcade; & des tableaux du Poussin sont audessus des quatre portes, dont les deux vers le septentrion donnent entrée dans l'ancien cabinet des termes. Une cinquième porte du côté des fenêtres, sert à passer du cabinet du conseil, dans les cabinets qui sont vers l'orient, où l'ancien cabinet des termes conserve encore une porte particuliere.

Ce cabinet qu'on a diminué pour accroître le cabinet du conseil a sa cheminée du côté du midi. Il y a des glaces audessus & aux côtez de cette cheminée entre deux portes qui sont de part & d'autre; Des glaces semblables, accompagnent la porte qui donne entrée dans les cabinets vers l'orient, couvrent aussi du côté du septentrion les tremeaux des fenêtres, & ceux d'une porte toute de glaces qui sert à passer aux garderobes du Roi, composées de plusieurs cabinets, & d'une petite gallerie qu'on y a ajoûté nouvellement.

Cet ancien cabinet des termes n'a des glaces vers l'occident que dans un intervale assez petit, qui sépare deux portes, dont une sert à passer dans le grand apartement du Roi; Trois tableaux du Bassan sont placez audessus des deux portes aux côtez de la cheminée; & sur la porte par où l'on va dans les cabinets vers l'orient.

Il est à propos de dire icy quelque chose de ces cabinets pour en marquer la disposition mieux que nous n'avons encore fait. Le premier où l'on entre par le grand cabinet du conseil & par l'ancien cabinet des termes, est celui où il y a eu un billard. Le vestibule du petit escalier du Roi sert ensuite à passer dans un autre cabinet qu'une arcade & deux autres ouvertures moins grandes qui l'accompagnent unissent à la derniere piéce de l'enfilade. Ici une porte située au septentrion donne entrée dans un salon ovale tout doré & orné de pilastres & de quatre niches, où l'on a placé autant de groupes de bronze. Deux de l'Algarde représentent l'un Junon & l'autre Jupiter, & les deux autres l'enlevement d'Orithie par Borée, & l'enlevement de Proserpine par Pluton. Enfin dans ce salon ovale, une porte donne entrée dans

de Versailles. 349

un cabinet qui l'accompagne vers l'occident, & une autre porte vers l'orient conduit à la petite galerie peinte par Mignard, dont nous avons rapporté une description assez étenduë, ainsi que des deux salons qui sont à ses extrémitez.

ADDITIONS.

ENtre plusieurs ornemens particuliers de Versailles que j'ai crû devoir me dispenser de décrire ; il y en a dont je suis à présent obligé de parler, afin de ne rien obmettre de ce qui se trouve de plus considérable parmi ces ornemens. J'ai donc oublié de dire que les figures qui sont autour de la petite cour pavée de marbre expriment par leurs attributs, les unes les vertus heroïques du Roi, & d'autres les quatre parties du monde. Par exemple, les figures de Mars & d'Hercules, assises sur le fronton du milieu de la principale face de cette partie du château désignent la valeur du Roi. La Renommée, l'Europe, l'Asie, l'Activité, la Prudence, la Justice, Minerve,

pag. 10

la Paix, & la Magnificence ; sont representées par neuf figures rangées vers le midi sur les balustrades du haut de cette face de bâtimens : & neuf autres qui font cimetrie avec les précédentes dans la face opposée, sont la Victoire, l'Afrique, l'Amérique, la Gloire, l'Autorité, la Richesse, la Générosité, la Force, & l'Abondance.

pag. 50   J'ai encore oublié à faire remarquer que la place de la Chapelle dont il est parlé dans l'ancienne description a servi à augmenter la grandeur du petit escalier de marbre dans le
pag. 50   tems que l'on fit la Chapelle, qui est proche la nouvelle qu'on bâtit à présent.

Explication de la premiere planche, qui contient un plan de la Vile & du Château de Versailles, suivant la nouvelle description.

EN raportant ici, ce que les chiffres marquez sur ce plan désignent chacun en particulier: J'ajoûterai à chaque article les pages où il en est parlé dans le présent volume. Et l'on trouvera à la fin de plusieurs de ces articles, une partie des suplémens qui ont esté promis dans l'avertissement.

Il est aisé de reconnoître sur le plan où aboutissent les chemins, tant anciens que nouveaux qui conduisent de Paris à Versailles, & dont il est fait mention au commencement de ce volume, pag. 2.
1 Vilage de Montreüil, pag. 2
2 Acqueduc de Montreüil, pag. 2
3 Butte Monborron, pag. 3
4 Les reservoirs & le réceptacle d'eaux, pag. 4
5 Avenuë de saint Cloud, pag. 3. 4. 5. & 23.

6 Principale ou grande avenuë; pag. 2. 4. 5
7 Allées de traverse, pag. 5
8 Avenuë du parc aux Cerfs, apellée aussi l'avenuë de Sceaux, pag. 5. 8. 24
9 Le Chenil, pag. 5. 6. 23
10 L'Hôtel de Madame la Princesse de Conty la doüairiere, pag. 7. 8
11 La grande place Royale, pag. 13 21. 37.
12 La petite Ecurie, pag. 14. 15. 16. 20. 57
13 La grande Ecurie & son Manége, pag. 17. 18. 19. 20. 21. 37
14 La Vile neuve, pag. 21

Ce quartier a le long d'un côté de la grande place Royale, & jusque dans l'avenuë de saint Cloud divers hôtels & édifices considérables qu'il est à propos de nommer ici ; sçavoir dans la ruë d'Orleans, proche la ruë des Reservoirs qui est vers le château, il y a le château d'eau, l'hôtel de Villeroy que la ruë des Bons-enfans sépare de l'hôtel de Grandmont ; ensuite sont les hôtels de Villacerf & de Choiseüil, que la ruë de Marly sépare de l'hôtel de la Feüillade ; celui

de Versailles.

celui-ci est suivi des hôtels de Mademoiselle, de la Mothe Hodencourt, d'Aumont, de la Vieuville & de la Rochefoucault que la ruë Dauphine sépare de hôtel de Gesvres, aprés lequel on trouve les hostels de Langlée, d'Estrées, de Guise, & divers autres situez à l'entrée de l'avenuë de saint Cloud, où il y a du côté de la grande Ecurie & du Chenil, les hôtels de Monaco, d'Espinoy & de Saint-Simon. Il est parlé du château d'eau, pag. 24

15 La place Dauphine, pag. 22

Cette place où il y a deux fontaines est traversée par deux grandes ruës ; l'une, qui commence du côté du midi dans la grande place Royale, & qui se termine vers le septentrion dans la ruë de la Paroisse vis-à-vis de l'Eglise, est apélée la ruë Dauphine ; & l'autre, est la ruë de la Pompe ; Elle commence vers l'occident dans la ruë des Reservoirs ; Elle coupe la ruë des Bons-enfans, Depuis cet endroit jusqu'à la place Dauphine ; elle a d'un côté l'hôtel de Noailles, & les Ecuries de la Reine ; & de l'autre côté entre la ruë des Bons-Enfans & la ruë de

Conty, l'hôtel de Boüillon, les anciennes Ecuries de Monsieur, & l'hôtel de Duras : Et cette même ruë de la Pompe entre la place Dauphine & l'avenuë de S. Cloud, où elle se termine vers le levant, a d'un côté l'hôtel de Montausier qui est grand & magnifique, & plus loin qu'une petite ruë, apellé la ruë des deux portes, l'hôtel du Plessis qui donne le nom à une des plus grandes ruës de la Vile neuve. Il est parlé des écuries de la Reine, pag. 23

16 La grande ruë de la Paroisse, pag.   22. 23

Cette ruë est la plus longue, non seulement de la Vile neuve, mais encore de tout Versailles. Vers la ruë des Reservoirs ou la grande ruë de la paroisse se termine à l'occident, il y a l'hôtel de Châteauneuf ou de la Vrilliére, les hôtels de Broglio, de Ternac, de Souches, & divers autres. L'Eglise paroissiale est dans la même ruë vis-à-vis la ruë Dauphine, avec la maison de la Charité & les logemens du Curé & de la Communauté des Peres de la Mission. La même ruë de la paroisse aprés avoir traversé la place du

de Versailles. 355

marché se termine vers l'orient dans l'avenuë de saint Cloud: Quelques-uns nomment cette partie la ruë de Paris. Il est parlé de l'Eglise paroissiale & des logemens qui l'accompagnent, pag. 23

17 La place du Marché, pag. 23
Cette place est traversée non-seulement par la grande ruë de la paroisse ou la ruë de Paris de l'orient à l'occident ; mais encore par la ruë du Plessis, depuis l'hôtel du Plessis jusqu'à l'étang, dont quelques-uns donnent le nom à une partie de cette ruë.

18 Le parc de Clagny, pag. 22
La ruë de Clagny est entre ce parc & la Vile neuve.

19 L'Etang, pag. 22. 23
Il termine la Vile neuve du côté du septentrion, & le parc de Clagny vers l'occident.

20 La ruë des Réservoirs est le long de l'aîle neuve du château. Il y a le pavillon ou les écuries de Monsieur, une petite rue du même nom qui conduit dans la ruë des Bons-enfans, & les hôtels, de Louvoys, de Richelieu, du Lude, d'Aluye, & de Bouillon, separé par la

G g ij

ruë de la Pompe de l'hôtel de Crequy, l'hôtel d'Anguien, & l'hôtel de Soissons. On a parlé des écuries de Monsieur pag. 24

21 La ruë des Bons-enfans est paralelle à la ruë des Réservoirs dont elle est séparée par les hôtels qu'on vient de nommer : il y a entre plusieurs autres Hôtels, l'hôtel de Bullion que la ruë de la Pompe séparé de l'hôtel de Noailles, & le nouvel hôtel de la Feüillade.

22 La place de Bourgogne ou petite place, pag. 23

Il y a dans cette place l'hôtel du Maine, & aux environs de la ruë sainte Anne, la ruë de Conty, & la ruë de Marly, qui traversent la place obliquement.

23 La Vile neuve a derriere le manége de la grande écurie la ruë saint Pierre qui conduit au chenil, & d'où la ruë du chenil, la ruë des coches, & la ruë du Belair s'étendent jusque dans la ruë de Montborron ; & les allées qui traversent les avenuës de Versailles. Il est parlé de cette partie de la Villeneuve, Pag. 23

24 Le vieux Versailles, pag. 24.

de Versailles. 357

Ce quartier du côté de la place Royale dans une ruë basse qu'on appelle la ruë de la Chancellerie contient les hôtels de Coëlin, de Dangeau, de Pontchartrain, de la Valiere, de Roquelaure, & de Duras, celui de l'extraordinaire des Guerres, l'hôtel de la Chancellerie, qu'un carrefour formé par les ruë de saint François, & de Satory, termine proche l'avenuë de Sceaux, l'hôtel des Bâtimens, l'hôtel des Fermes, le Bureau des coches & carrosses, l'ancien hôtel de Seignelay, & l'hôtel de la Marine & des Galeres. Il est parlé de quelques-uns de ces hôtels, pag. 24

15 Logement de la compagnie des Galiotes, pag. 24
16 Les écuries des Gardes du corps, pag. 24
17 Le quartier du parc aux cerfs, où l'on a commencé à bâtir plusieurs maisons & à former une place du nom de ce parc, pag. 25
18 Ruë de Satory, qui se termine dans la ruë de l'Orangerie.
19 Ruë saint François.
20 Ruë du jeu de Paulme, p. 25
21 Ruë du vieux Versailles où est

l'hôtel de Lorge, & un peu plus bas de l'autre côté la ruë Mazieres.

32   La Sur-Intendance.

33   La ruë de l'Orangerie. Elle est paralelle à la ruë du vieux Versailles, & plus longue. Il y a l'hôtel d'Humieres, l'hôtel de Courtenvaux, l'hôtel d'Arpajou, l'ancien hôtel Colbert, qui sert à présent de magazin pour les bâtimens du Roy proche de la petite ruë du potager qui sépare ce logement de la grille du parc aux cerfs, & qui conduit dans la ruë des Tournelles, où l'on trouve une des entrées du potager, & un logement pour divers Officiers & Commis des bâtimens, apellé l'hôtel des Inspecteurs.

34   La ruë de la Sur-Intendance s'étend le long de la grande aîle du château & commence vers le midi en face de la grille du parc aux cerfs, & à l'endroit où la ruë de l'Orangerie se termine à l'occident. Il y a dans la ruë de la Sur-Intendance vers cette extrémité au côté opposé à l'hôtel de la Sur-Intendance la porte du grand parc de Versailles la plus proche de l'Orangerie, l'hôtel de Beauvilliers, l'hôtel de Chevreuse,

de Versailles. 359

& l'ancienne Sur-Intendance, qui est jointe à la grande aile du Château; La même ruë sépare cette aile du logement qu'on nomme le grand Commun, proche l'avant-cour du château où cette ruë conduit vers le septentrion.

35 Le grand Commun, pag. 25
Il est isolé, sa principale entrée est du côté de la ruë de la Sur-Intendance vers le couchant. La ruë de la poste est vers le septentrion; la ruë des Recolets vers l'orient, & la ruë de saint Julien vers le midi.

36 L'Eglise & le convent des Recolets, pag. 25

37 L'avant-cour du château, pag. 27. 30. 31. 37

38 La grande cour & le principal corps du château, accompagné d'autres cours, pag. 27. 29. 30. 37. 42.

39 La grande aîle avec ses cours, pag. 30. 31. 40. 208.

40 L'aîle neuve avec ses cours, pag. 41. 106. 208.

41 Reservoirs.
42 Les jardins du petit parc.
43 Partie du grand parc.
44 Le potager.

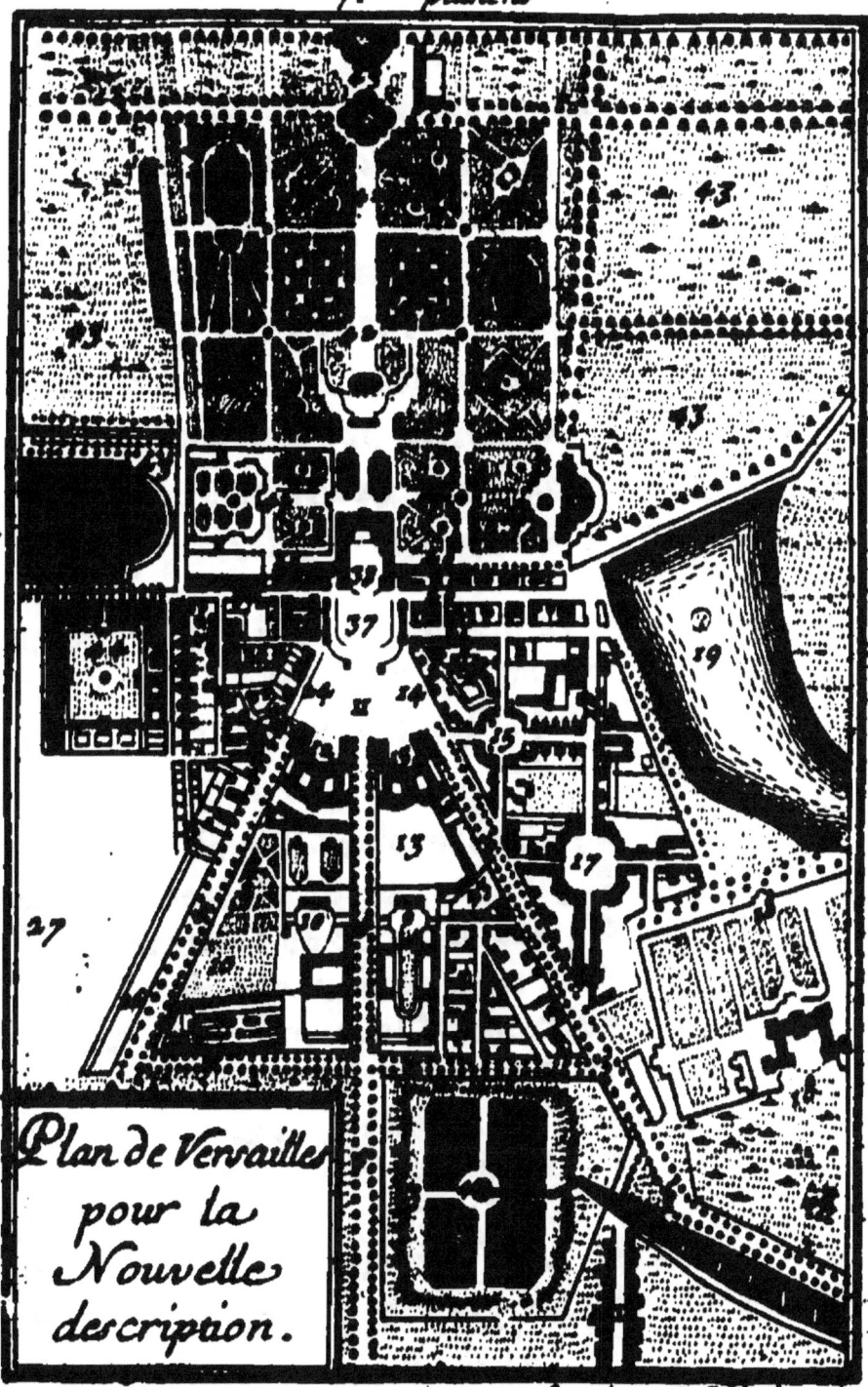

Explication de la deuxiéme planche, contenant le plan de Versailles suivant l'ancienne description qui commence à la page neuviéme, & qui est distinguée de la description nouvelle par des doubles virgules ou guillemets imprimez à côté des lignes.

Je marquerai aussi dans cette explication les pages de ce volume, ausquelles chaque article aura raport.

a Grande place Royale, pag. 13
b Avant-cour du Château, p. 27
c Grande cour du Château, p. 27
d Petite cour pavée de marbre, avec un bassin au milieu. Cette cour est ornée de bustes de marbre entre les fenêtres, pag. 29
e Bassin de la Syrene, p. 210
f La Grotte, p. 211
g Les Reservoirs, p. 212
h La grande pompe ou la tour d'eau, p. 212

Bassins

de Versailles. 361

i Baffins de la couronne, p. 212
k Fontaine de la pyramide, p. 212
l Cafcade de l'allée d'eau, p. 213
m L'allée d'eau, p. 214
n La fontaine du dragon, p. 216
o Fontaine du pavillon, p. 217
p L'allée du berceau d'eau, p. 218
q Le marais, p. 219
r Le théatre, p. 221
ſ Baffin de Cérés, p. 224
t Montagne d'eau, p. 225
u Baffin de Flore, p. 224
x La ſale des Feſtins, p. 227
y Baffin d'Apollon, p. 227
z L'Iſle ou la grande piéce, p. 228
1   Baffin de Saturne, p. 228
2   Les Boſquets, p. 228
3   Baffin de Latone, p. 229
4   Baffin de Baccus, p. 230
5   Le Labyrinthe, p. 230
6   L'Orangerie, p. 233
  Le Parterre d'eau, p. 232

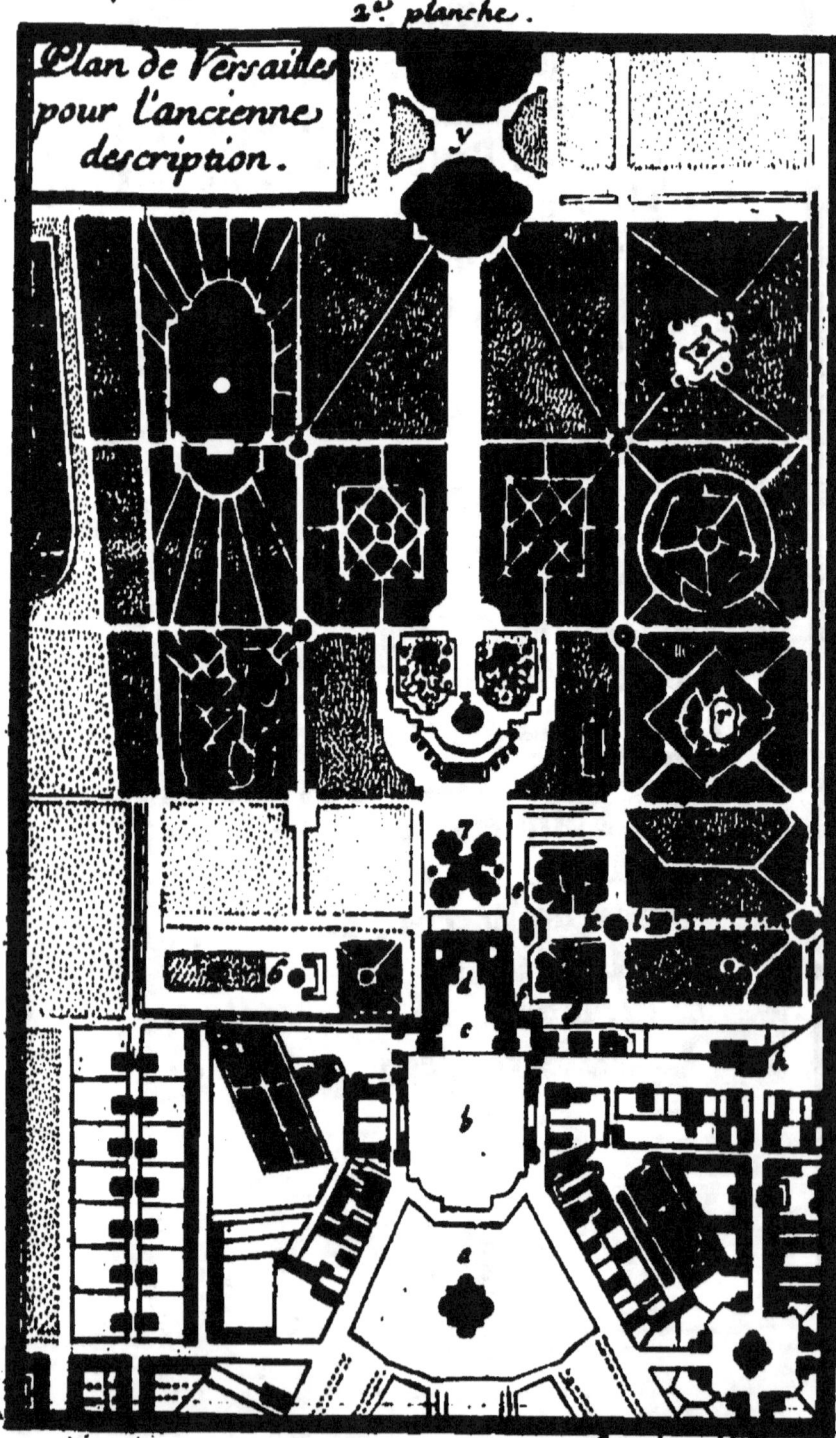

Explication de la troisiéme planche, qui contient six vûës de Versailles.

1. Vûë ancienne de la vile, & du château.
2. Vûë ancienne de la principale entrée du château.
3. Autre vûë moins ancienne du château du dedans de l'avant-cour.
4. Autre vûë du même château, encore moins ancienne.
5. Vûë de la principale entrée du château en l'état qu'elle est aujourd'hui.
6. Vûë de la grande & de la petite écurie, & de la vile de Versailles de ce côté.

Explication de la quatriéme planche.

Cette planche ne contient qu'une vûë en perspective de la grande gallerie de Versailles, & de l'un des deux salons qui l'accompagnent.

Explication de la cinquième planche, qui contient six vûës du Château de Versailles du côté des Jardins.

1. Vûë de l'ancien château, & du vieux Versailles.
2. Vûë du même château du côté de l'ancienne Orangerie qui ne subsiste plus.
3. Vûë moins ancienne du château du côté de la pompe où tour d'eau qui étoit autrefois proche l'étang, & qui ne subsiste plus aussi.
4. Vûë du château neuf, & de la grotte qui a été démolie pour faire place à l'aile neuve.
5. Vûë générale du château neuf, & des ailes telles qu'on les voit aujourd'hui.
6. Vûë du fer à cheval, & d'une partie du grand canal dans le temps qu'on le commença.

F I N.

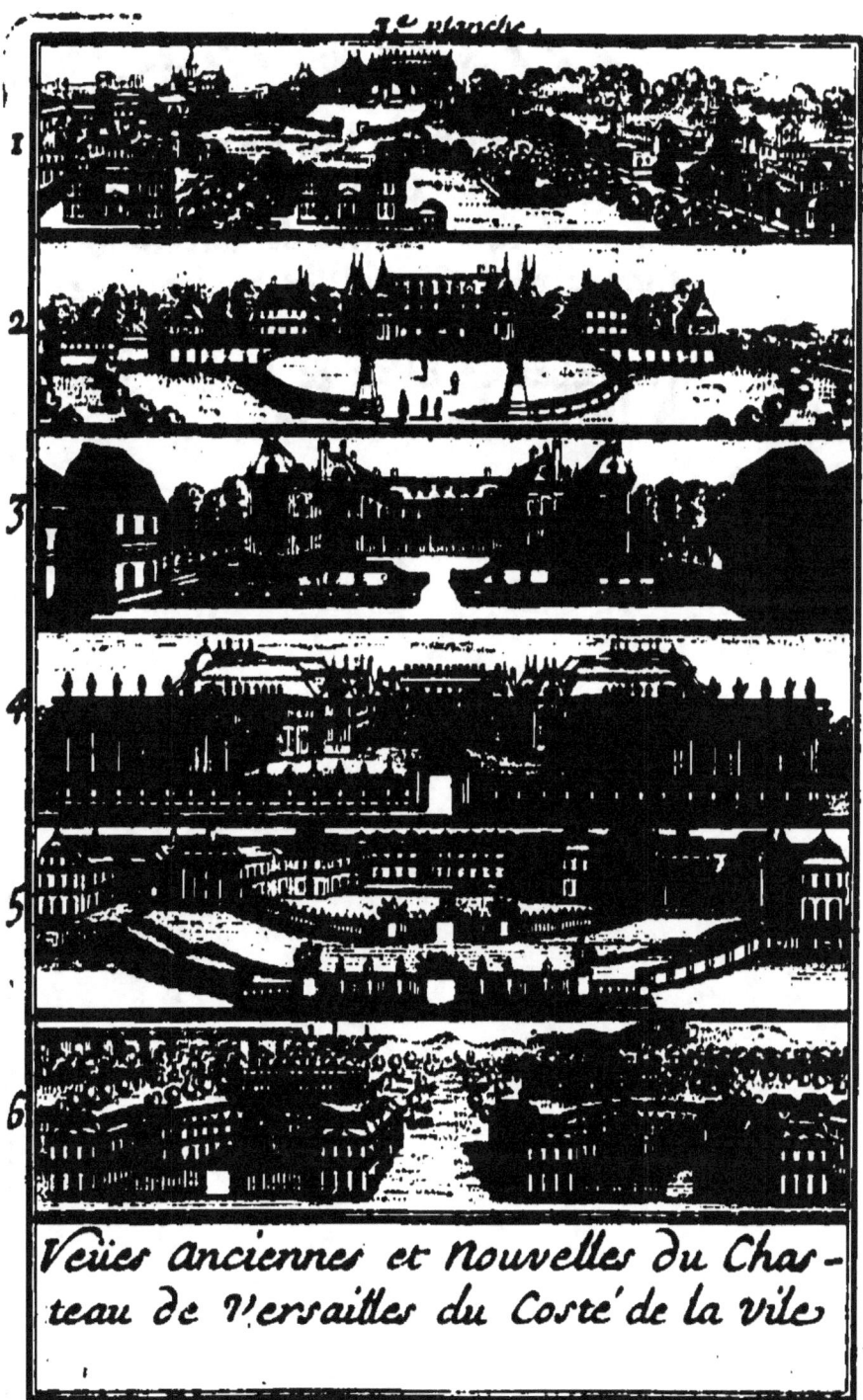

Veües Anciennes et Nouvelles du Chasteau de Versailles du Costé de la vile

Gravé par Scotin

APPROBATION.

J'Ay lû suivant l'ordre de Monseigneur le Chancelier un écrit imprimé sous le titre de description sommaire de Versailles ancienne & nouvelle, il n'y a rien qui puisse en empêcher le débit & l'impression. A Paris ce 10. Mars 1703.

Signé, L'Abbé TALLEMANT.

TABLE.

A.

ABondance, groupe de Coiſevox, à l'entrée de la grande cour, *page* 37
Abondance, ſtatuë de Marſy, dans la petite cour, p. 350
Abraham tableau d'Holben, p. 115
Abſalon tableau du Carache, p. 115
Académies, peinture, p. 154
Acqueduc de Montreüil, p. 2. 3. 351
Acquiſition de Dunquerke, peinture, p. 166
Activité, ſtatuë de Raon, p. 10. 349
Adam & Eve; tableau de l'Albane, p. 65
Adoration des Rois ; tableau de Paul Véroneſe, p. 115
Ænée; tableau du Dominiquin, p. 107
Afrique; peinture, p. 97
Afrique, ſtatuë de le Hongre dans la petite cour, p. 10. 350
Agar; tableau de Lanfranc, p. 31
Agathes, p. 63. 68
Aîle neuve, p. 31. 355

Hh iij

Veües anciennes et Nouvelles du Chasteau de Versailles du Costé des Jardins.

Gravé par L. Lottel.

Table.

Aîles du château, *p.* 37. 40. 56. 359. 106. 206

Alexandre à la Chasse du Lion ; peinture, *p.* 127

Alexandre & Porus; peinture, *p.* 144

Alexandre Sévere, peinture, *p.* 136. 188

Alexandre, peinture, *p.* 189

Allée d'eau, *p.* 214. 361

Allées de traverse, *p.* 5. 12. 352

Allée du berceau d'eau, *p.* 218. 361

Alliance avec les Suisses ; peinture, *p.* 167

Alphée & Aréthuse, peinture, *p.* 129

Amalthée nourrice de Jupiter, peinture, *p.* 178. 202

Ambassade à Alexandre, peinture, *p.* 138

Ambassade à Auguste, peinture, *p.* 138

Ambassades extraordinaires; peinture, *p.* 171

Amerique, peinture, *p.* 99

Amerique, statuë, *p.* 99

Ametistes, *p.* 146

Ameublemens, *p.* 60. 344

Amour, figure antique, *p.* 114

Amphitheatre, peinture, *p.* 124

Anchise sauvé par Enée, tableau du Dominiquin, *p.* 107

Table.

Andromede, tableau du Titien, p. 140

Aouſt, ſtatuë de le Hongre dans l'appartement des bains, p. 45.

Apartemens du Roi, p. 53. 208. 337

Apartemens de la Reine, p. 42. 51. 56

Apartement de Monſeigneur, p. 39. 40. 50. 51. 54. 59. 206. 338

Apartemens de Monſeigneur le Duc de Bourgogne, p. 6. 196. 338

Apartemens de Madame la Ducheſſe de Bourgogne, p. 208

Apartement de Monſeig. le Duc de Berry, p. 208

Apartemens de Monſieur, & de Madame, p. 41. 56. 208

Apartemens de Monſieur le Duc, & de Madame la Ducheſſe de Chartres; à préſent Monſieur le Duc & Madame la Ducheſſe d'Orleans, p. 41. 56

Apartemens de Monſieur le Prince, & de Madame la Princeſſe, p. 40. 206

Apartemens de Monſieur le Duc, & de Madame la Ducheſſe, p. 40. 206

Apartement de Madame la Princeſſe de Conty la douairiere, p. 206

Table.

Apartemens de Monsieur le Prince, & de Madame la Princesse de Conty, p. 40. 208

Apartemens de Monsieur le Duc, & de Madame la Duchesse du Maine, p. 51. 206. 207

Apartement de Monsieur le Comte de Toulouze, p. 206

Apartement de Monsieur le Duc de Vendôme, p. 206

Apartement d'autres Princes, Seigneurs, & principaux Officiers logez dans le château. p. 38. 53. 54. 206.

Apartement des Bains, p. 54. 266

Apollon & Daphné, peinture, p. 124

Apollon ou la planette du soleil, peinture, p. 148

Apollon ou le soleil principal sujet auquel on a raporté d'abord les ornemens de Versailles, p. 28

Apollon, statuë, p. 211

Arethuse, peinture, p. 129

Aristote, peinture, p. 148

Armée de Cyrus; peinture, p. 125

Armée du Roi sur terre & sur mer; peinture, p. 168

Arthemise; peinture, p. 196

Table.

Asie statuë de Massou, p. 349
Asie ; peinture, p. 98. 109
Aspasie femme de Pericles, représentée s'entretenant avec des Philosophes, sous la planette de Mercure dans l'apartement de Madame la Duchesse de Bourgogne, p. 164
Assomption de la Vierge ; tableau d'Annibal Carache, p. 140. 260
Atalante ; peinture, p. 121
Athénes ; peintures, p. 183
Attentat des Corses ; peinture, p. 197
Attiques, p. 209
Avant-cour, p. 27. 30. 31. 33. 35. 37. 359. 360
Avenuë de Paris, ou principale avenuë, p. 2. 3. 4. 17. 23. 352
Avenuë de saint Cloud, p. 3. 4. 17. 23. 351
Avenuë de Sceaux ou du parc aux cerfs, p. 8. 14. 24. 352
Avenuës, p. 5. 12. 13. 37
Aveugle né ; tableau du Poussin, p. 63
Auguste ; peinture, p. 144. 147
Aurelien ; peinture, p. 196
Avril, statuë de Tuby dans l'apartement des bains, p. 45

Table.

Avril, statuë de Massou, p. 200
Auteüil, p. 1.
Authorité statuë de le Hongre,
  p. 350

B.

Baccanale; tableau du Poussin,
  page 63
Baccantes; peinture, p. 204
Bacchus; statuë, p. 204
Baignoires de marbre, p. 46
Bains de l'hôtel de Conty, p. 8.
Balcons dorez, p. 10
Balustres ou apuis de l'avant-cour,
  p. 35
Bas relief du Roi à cheval, fait par
  des Jardins, p. 149
Bassin d'Apollon, p. 227. 361
Bassin de Bacchus, p. 124. 230. 361
Bassin de Cérés, p. 124. 361
Bassin de Flore, p. 124. 361
Bassin de Latone, p. 229. 361
Bassins de Monborton, p. 4
Bassin de Saturne, p. 124. 228. 361
Bassin de la Syrene, p. 200. 360
Bassins de la Couronne, p. 222. 361
Bassins des quatre Saisons, p. 124
Bataille de Montcassel, peinture de
  Vandermeulen, p. 90
Bataille de saint Gothard; peinture
  pag. 136. 167.

Table.

Bellone; peinture, p. 173. 195.
Berceau d'eau, p. 218
Bethsabée tableau de Paul Véroné-
se, p. 340
Billard, p. 66
Bleds distribuez; Peinture, p. 188
Bohemienne; tableau du Valen-
tin, p. 62
Bosquets, p. 229
Bouche du Roy, p. 28
 Les Offices qui servent pour la bouche du Roi, sont présentement sous le pavillon de l'avantcour, qui est le plus proche du château du côté du midi.
Bourg ancien de Versailles, p. 24
Bronte, statuë de Jean Drouilly, proche la grande Cour du château,
p. 29
Bronzes, p. 92
Buires d'argent, p. 154
Bureau des Coches, p. 24
Buste antique d'Adrien, p. 107
Buste antique de la jeune Cléopatre
p. 107
Buste de bronze de Caracalle, p.
107
Buste de bronze de Mitridate, p.
107
Buste d'une Dame Romaine, p. 309

Table.

Buste d'un Senateur Romain, p. 308
Buste dn Roi, fait en marbre blanc par Coifevox, p. 89
Buste du Roi, fait en marbre blanc par le cavalier Bernin, p. 130
Bustes antiques, p. 152
Bustes antiques d'Empereurs & d'Imperatrices, p. 130
Bustes d'hommes & de femmes, p. 121.
Butte de Monborron, p. 351
Buveurs; tableau de Barthelemi Manfrede, p. 62

C

Cabinet des Médailles, page 121
Cabinet des termes, p. 34
on le nomme aussi le cabinet des perruques.
Cabinet des tableaux du Roi, p. 245
Cabinet du Billard, p. 66
Cabinets de Monseigneur, p. 52
Cabinets du Roi, p. 6. 64. 345
Cabinets portatifs, p. 197
Cœsar qui harangue ses Soldats, peinture de Jouvenet, p. 139
Calanus Gymnosophiste; peinture, p. 138
Calcedoines, p. 116
Caleches du Roi, p. 38

Table.

Calliope, peinture, p. 95
Camayeux, p. 117
Candelabres, p. 154
Carosses du Roi, p. 18
Cartage, peinture, p. 193
Cascade de l'allée d'eau, p. 213. 361
Ce qu'il y a à observer dans le petit parc, p. 210
Cérés statuë, p. 29. 204
Chambre des Bassans, p. 59. 176. 339
Chambre du Billard, p. 127
Chambre ou caqinet du conseil, p. 62. 64. 345
Chambre du lit, p. 60. 135. 338
Chambre du Trône, p. 146
Chambres & cabinets des Bains, p. 45
Chancellerie, p. 24. 357
Changemens nouveaux faits à Versailles, p. 337
Chapelle, p. 38. 50. 51. 207
Chapelle dediée à saint Roch, p. 26
Chapelle de l'hôtel de Conty, p. 8
Chapelle nouvelle, p. 38. 350
Charité, p. 22
Charles II. Roi d'Espagne, peinture, p. 174
Chasse du cerf, p. 5
Château, p. 2. 9. 27. 30. 35
Château d'eau, p. 24. 35. 352

Table.

Château neuf ou grand château,
p.   28. 42. 363
Château vieux, p.   28. 362
Chaussée d'Auteüil, p.   3
Chaussée nouvelle, p.   2
Chemin de Giroflay ou de Viroflay,
p.   3
Chemin de la plaine de Grenelle,
p.   2
Chemins de Paris à Versailles, p. 15
Chemins nouveaux, p.   1
Chenil, p.   5. 7. 23. 352
Chevaux du Roi de tous païs, p. 21
Chiens de chasse, p.   5
Cincinnatus Statue, p.   122
Circoncision; tableau du Dosse de
  Ferrare, p.   114
Clagny, p.   22
Clélie & ses compagnes; peinture,
p.   196
Cléopatre figure antique, p.   114
Cléopatre Reine d'Egypte; peinture,
p.   144
Clitie, statuë, p.   201
Clôture de Monborron, p.   3
Code ou ordonnance nouvelle; pein-
  ture, p.   185
Colisée; peinture, p.   194
Colonies Françoises; peinture, p. 128
Colonies Romaines; peinture, p. 128

Table.

Colonade eu perspective, p. 38
Combat d'Hercules & d'Acheloüs ; tableau du Guide, p. 142. 264
Commun, p. 26
Communauté des PP. de la Mission, p. 23. 354
Compagnie des Galiotes, p. 24. 357
Comus statuë, p. 204
Conseil privé, p. 40
Constantin ; peinture, p. 135
Coribantes ; peinture, p. 178
Coridors, p. 40. 41.
Coriolan peinture, p. 144
Cornalines, p. 54
Coronis enlevée par Neptune peinture, p. 125
Corps de Garde, p. 33. 40
Cour de l'apartement des bains, p. 43. 65.
Cour des Princes, p. 40
Cour du grand commun, p. 25
Cour pavée de marbre, p. 10
Cours de la Ménagerie, p. 236
Cours de l'Hôtel de Conty, p. 8
Cours des aîles, p. 41
Cours des Ecuries, p. 14. 15. 18. 19
Cours du château, p. 39
Cours du chenil, p. 56

Table.

Cours principales du Château, p. 36
Convent des PP. Récolets, p. 25. 359
Couvertures dorées du château, p. 35
Cupidon & Venus figures antiques, p. 114
Curetes, Habitans du Mont-Ida; peinture, p. 178
Cybéle enlevée par Saturne; peinture, p. 125
Cyclopes, Statuës, p. 29
Cyrus; peinture, p. 127.

D.

Danse; peinture, *page* 203
Daphné changée en laurier; peinture, p. 124
Daphné; tableau de Houasse dans l'apartement des Bains, p. 45
David; tableau du Dominiquin, p. 62. 274. 345
Défaite des Turcs; peinture, p. 167
Déjanire enlevée; tableau du Guide, p. 142
Démétrius Poliorcétes; peinture, p. 135
Descente de croix; tableau de Vandeix, p. 114

Diâne

Diâne dans le bain; tableau de corneille Polembourg, p. 114
Diâne d'Ephése, statuë, p. 152
Diâne & Endimion; peinture, p. 130
Diâne ou la Lune, planette; peinture, p. 127
Didon; peinture, p. 193.
Dieux de Riviere peinture, p. 204
Droits de la Reine; peinture, p. 168
Duels abolis; peinture, p. 171

E.

Echo statuë, *page* 205
Ecuries de la Reine, p. 23. 353
Ecuries de Monsieur, p. 23. 354. 355
Ecuries des Gardes du Corps, p. 24. 357
Ecuries du Roy, p. 14. 17. 352. 362
Edifices & Jardins en perspective, p. 110
Eglise & Convent des Récolets, p. 25. 359
Eglise Paroissiale, p. 22. 353. 354
Embellissemens nouveaux, p. 337
Endimion, statuë, p. 130
Enée & Anchise; tableau du Carache; p. 107
Enée & Anchise; tableau du Dominiquin, p. 276
Entrée des Jardins, p. 39. 359

Table.

Entrée principale du château, p. 32. 36. 362

Europe Statuë, de Pierre le Gros dans la petite cour du château, p. 10. 349

Equipages de chasse, p. 5

Erato; peinture, p. 96

Escaliers, p. 50. 53. 54. 87. 337

Esplanade de Monborron, p. 4

Estang, p. 212

Estang de Clagny, p. 21

Ester; tableau de Paul Véronèse, p. 197. 339

Evangelistes; quatre Tableaux du Valentin, p. 62

Europe enlevée par Jupiter; peinture, p. 114

Europe, statuë, p. 10. 349

Europe; peinture, p. 97. 109

F

Famille de Darius; tableau de le Brun, page 132

Famille de Monseigneur le Dauphin, tableau de Mignard, p. 197

Février, statuë de Hutinot dans l'apartement des bains, p. 43

Figure antique d'un jeune homme nud, p. 114

Figures d'Ambre, p. 116

Figures d'argent, p. 116

Table.

Figures de corail, p. 116
Figures des quatre Élémens, p. 29
Figures d'or, p. 116
Figures qui ornent la façade du château du côté des Jardins, p. 190
Filigranes d'or, p. 112
Fille de saint Pierre guerie; tableau de Paul Véronése, p. 114
Filles de Jethro; tableau de le Brun, p. 66
Flore statuë, p. 201
Flore statuë de Benoist Massou dans la grande cour, p. 29
Fontaine de la Pyramide, p. 202. 361
Fontaine du Dragon, p. 216. 362
Fontaine du grand Escalier, p. 87
Fontaine du Pavillon, p. 217. 361
Fontaines des cours du Château, p. 30. 33
Fontaines du vieux & du nouveau Versailles, p. 26
Fruiterie du Roi, p. 28
Fuite de la Vierge en Egypte; tableau du Guide, p. 107

G.

Galathée, Statuë de Houssau, page 29
Galathée statuë, p. 205
Gallerie basse, p. 36. 49. 52
Gallerie de l'hôtel de Conty, p. 8

Table.

Gallerie haute de l'ancien château, ou petite Gallerie, p. 68
Gallerie haute du nouveau château ou grande gallerie, p. 59. 148
Garde Françoise & Suisse, p. 34
Genie de la France; peinture, p. 69
Girandoles de cristal de Roche, p. 122
Giroflay au Viroflé, p. 2
Glacis de l'avant-cour, p. 34
Gobelet, p. 28
Grand appartement du Roy, p. 7. 19
Grand Cabinet, p. 48
Grand commun, p. 25. 35. 359
Grande avenuë de Paris, p. 14. 34. 352
Grande cour du château, p. 27. 28. 30. 35. 36. 40. 359. 360. 369
Grande Ecurie, p. 13. 37
Grande gallerie, p. 61. 148. 150. 362
Grand Escalier, p. 43. 86. 87
Grande place Royale, p. 31. 34. 35. 352. 360
Grande Ruë, p. 22. 354
Grande Salle des Gardes, p. 56.
Grand parc, p. 234
Grilles du château, p. 32
Grotte de Thetis, p. 251. 360
Groupes d'enfans de bronze doré, p. 214

Table.

Guerre contre la Hollande, peinture, p. 102

H.

Hebé statuë, *page* 205
Hercule sur son bucher, tableau du Guide, p. 269
Hercule, qui combat l'hydre, tableau du Guide, p. 262
Hercule, figure de Girardon dans la petite cour, p. 10. 149
Heros & Heroïnes de l'antiquité, peintures, p. 50. 51
Hipsicrate; peinture, p. 196
Hollande secouruë; peinture, p. 267
Hôtel de Bellefond, p. 7
Hôtel de Chaulnes, p. 6
Hôtel de Conty, p. 7. 24. 352
Hôtel de Guitry, p. 13
Hôtel de la Chancellerie, p. 24. 357
Hôtel de Coiflin, p. 357
Hôtel de Dangeau, p. 357
Hôtel de Pontchartrain, p. 357
Hôtel de la Sur-Intendance, p. 25. 358
Hôtel de Beauvilliers, p. 358
Hôtel de Chevreuse, p. 358
Hôtel de Lauzun, p. 13
Hôtel du Chevalier de Lorraine, p. 7

Table.

Hôtel de Noailles, p. 13. 355.
356
Hôtel de Vermandois, p. 21
Hôtel d'Arpajou, p. 358
Hôtel de Lorge, p. 358
Hôtel de Courtenvaux, p. 358
Hôtel Colbert, p. 358
Hôtel de Humiéres, p. 358
Hôtels & maisons du nouveau Versailles, p. 21
Hôtel de la Marine, p. 357
Hôtel de l'Extraordinaire des guerres, p. 357
Hôtel du Mayne, p. 356
Hôtel de la Valiére, p. 357
Hôtel de Roquelaure, p. 357
Hôtel des Bâtimens, p. 357
Hôtel des Fermes, p. 357
Hôtel de Seignelay, p. 357
Hôtel des Invalides, peinture, p. 170
Hôtels & maisons du vieux Versailles, p. 21
Hôtel de Vileroy, p. 352
Hôtel de Grandmont, p. 352
Hôtel de Vilacerf, p. 352
Hôtel de Choiseüil, p. 352
Hôtel de la Feüillade, p. 356

Table.

Hôtel de Mademoiselle, p. 353
Hôtel de la Mothe Hodencourt, p. 353
Hôtel d'Aumont, p. 353
Hôtel de la Vieuville, id.
Hôtel de la Rochefoucault, id.
Hôtel de Gesvres, id.
Hôtel de l'Anglée, id.
Hôtel d'Estrées, id.
Hôtel de Guise, id.
Hôtel de Monaco, id.
Hôtel, d'Espinoy, id.
Hôtel de saint Simon, id.
Hôtel de Bullion, p. 354
Hôtel de Duras, p. 354. 357
Hôtel de Montausier, p. 354
Hôtel du Plessis, id.
Hôtel de Châteauneuf ou de la Vriliere, id.
Hôtel de Broglio, id.
Hôtel de Ternac, id.
Hôtel de Sourches, id.
Hôtel de Louvois, p. 355
Hôtel de Richelieu, id.
Hôtel du Lude, id.
Hôtel d'Alluye, id.
Hôtel de Bouillon, id.
Hôtel de Crequy, p. 356
Hôtel d'Anguien, id.

Hôtel de Soissons, *id*.
Hyacinthe statuë, *page* 201

J.

Jardins du chenil, *p.* 7. 9. 20
Jardins de l'hôtel de Conty, *page* 14
Jardins de Babylone; peinture, *p.* 125.
Jason & les Argonautes; peinture, *p.* 127
J. C. à table avec deux de ses disciples; tableau du Titien, *p.* 157
J. C. à table dans Emaus; tableau de Paul Véronése, *p.* 132
J. C. en croix; tableau de Paul Véronése, *p.* 315
J. C. en Jardinier; tableau de Lambert Zustrus, *p.* 59
J. C. portant sa croix; tableau de Mignard, *p.* 65
J. C. porté au Sepulchre; tableau du Titien, *p.* 55
J. C. que l'on conduit au Calvaire; tableau de Mignard, *p.* 334
J. C. qui guerit la femme malade du flus de Sang; tableau de Paul Véronése, *p.* 107
J. C. & les deux aveugles; tableau du Poussin, *p.* 63. 289

J. C.

Table.

J. C. qu'on attache à la croix;
 tableau de le Brun, p. 65
Jeu de Paulme, p. 25. 35
Jeux & courses du cirque; peinture,
 p. 114
Image de l'homme sensuel; tableau
 du Corege, p. 251
Inscriptions, p. 323. 324. 325. 326.
 327. 328. 329. 332. 333.
Jonction des Mers; peinture, p. 171
Iphigenie; peinture, p. 100
Iris statuë de Houseau dans la gran-
 de cour, p. 29
Isle conquise, peinture, p. 168
Judith; tableaux de Paul Véronése,
 p. 197. 340
Jule César; peinture, p. 128
Junon statuë de des Jardins dans la
 la grande cour du château, p. 29
Jupiter & sa planette; peinture,
 p. 180

L.

LAbyrinthe, page 230
 Levées de terre, p. 1
Liberté accordée aux Juifs; peinture,
 p. 190
Ligue de l'Allemagne, de l'Espagne,
 & de la Hollande; peinture, p.
 169
Lit de point d'Espagne d'or, p. 146

Table.

Logement de la Compagnie des Galiotes, p. 24
Logement de Mr le chancelier, p. 34
Logement de Mr. le Contrôleur General, p. 31
Logement de Mr. le Grand Ecuyer, p. 17
Logement de Mr. le Grand Veneur, p. 5
Logement de Mr. le premier Ecuyer p. 16
Logement du Curé de Versailles & des Missionnaires, p. 23
Logemens des Mrs les Ministres & Secretaires d'Estat, p. 34
Logemens d'Officiers, p. 40
Logemens nouveaux, p. 39
Loix de Solon, peinture, p. 183
Lustres de cristal de Roche, p. 122

M.

Magazins, page 25
Maison de la charité, p. 22
Manége couvert, p. 16. 19
Manége découvert & place de tournois, p. 16. 20
Marais, p. 219
Marbres antiques, p. 63
Marbres differens & leurs noms, p. 44. 47

Table.

Marbres découverts en France, p. 46

Marc Antoine; peinture, p. 155

Marc Antonin; peinture de Jouvenet, p. 155

Mariage d'Alexandre & de Roxane; peinture, p. 124

Mariage de Charles II. Roy d'Espagne; peinture, p. 174

Mariage de Monseigneur; peinture, p. 174

Mariage du Duc de Savoye; peinture, p. 174

Mariage de Moïse; tableau de le Brun, p. 66

Marquis d'Ahytone; tableau de Vandeix, p. 61

Mars statuë de Marsy dans la petite cour, p. 349

Mars mois de l'année; statuë de Marsy, p. 45

Ma... mois de l'année statuë de Massou, p. 199

Mars planette; peinture, p. 132. 195

Martyre de saint Estienne; tableau d'Annibal Carache, p. 258

Medailles antiques & modernes de tous métaux, de toutes grandeurs, & de tous païs, p. 118

Méléagre; peinture, p. 125

Kx ij

Table.

Melpoméne ; peinture, p. 95
Ménagerie, p. 235
Mercure planette ; peinture, p. 194
Mercure ; peinture, p. 104
Meubles de velours, p. 139
Missionnaires, p. 139
Mithridate ; peinture, p. 196
Modéle de galére garny de pierres précieuses, p. 115
Mois de l'année, statuës, p. 45. 199
Momus statuë de Houzeau, p. 202
Monborron, p. 3
Monnoyes de France & autres de divers païs, p. 118
Montagne d'eau, p. 225
Montagne de passy, p. 1
Montagne de picardie, p. 1
Montagne de saint Cloud, p. 1
Montagne de viledavray, p. 1
Montreüil, p. 2
Mort d'Absalon ; tableau d'Annibal Carache, p. 114
Moïse foulant aux pieds la couronne de Pharaon, tableau du Poussin, p. 66
Moïse tiré des eaux ; tableau du Poussin, p. 65. 286
Muses ; peintures, p. 60. 92
Musique ; tableau du Dominiquin, p. 205

Table.

N

Nabuchodonozor ; peinture ; page 125

Naissance de Jupiter ; peinture, p. 177

Narcisse statuë, p. 205

Nativité de Jesus-Christ ; tableau d'Annibal Carache, p. 66

Nativité de J. C. tableau du dessein de Raphaël, p. 115

Nativité de J. C. tableau du vieux Palme, p. 112

Nef d'or du Roy faite par Gravelle, p. 116

Neptune statuë de Philippe Buister, p. 29

Nitocris; peinture de de Séve, p. 193

Novembre, statuë d'Erard dans l'apartement des bains, p. 45

Nymphes de fontaines, statuës, p. 104

Nymphes hespérides statuës, p. 201

Nymphes de Thetis statuës, p. 211

O

Octobre, statuë de Houseau dans l'apartement des bains, page 45

Offices, p. 28

Officiers dégradez par Alexandre

K k iij

Table.
Severe; peinture de Hovasse dans la salle de la planette de Mars, p. 135
Orangerie, p. 197
Ordre rétably dans les Finances; peinture, p. 165
Ouvrages de Bronze & de marbre, p. 121

P.

Païsage de Corneille Polembourg, p. 114
Païsages d'Annibal Carache, p. 115
Païsage de Claude le Lorain, p. 115
Païsages du Viole, p. 115
Païsans métamorphosés en grenoüilles; tableau de l'albane, p. 65
Paix avec la Hollande; peinture, p. 171
Paix d'Aix la Chapelle; peinture, p. 168
Palais d'Italie; peintures, p. 6
Pallas figure de Girardon dans la petite cour du château, p. 342
Pandore, peinture, p. 84
Pan statuë, p. 202
Pan & Sirin; peinture, p. 124
Panneterie, p. 28
Parc de clagny, p. 22. 355
Paris, p. 3

Table.

Parties du monde; peintures, p. 96

Partie avancée du château, p. 37

Passage du Rhin; peinture, p. 102.
109

Passy, p. 1

Pavillons des Princes & Seigneurs,
p. 13

Pégase, peinture, p. 104

Peintres de l'Académie royale, p. 50

Peintures de Claude Audran. C'est de lui un tableau rond qui est sur la cheminée de la chambre des bains. Il représente Venus, Vulcain & l'Amour, p. 45. C'est encore de lui les sujets de César & de Cyrus dans la salle du billard, p. 127. 128. Le plafond de la planette de Mars, & les deux sujets de Cyrus & de Démétrius Poliorcétes dans la salle des gardes, p. 135

Peintures de Blanchart. C'est de lui le plafond de la planette de la lune; & un tableau de Diane & Endimion dans la salle du billard, p. 127

Peintures des Boulognes, il y avoit des Muses du jeune Boulogne dans l'ancienne chambre à coucher du Roy, p. 60

K x iiij

Table.

Les Peintures du Cabinet des médailles font de Boulogne l'aîné, *p.* 112.

Peintures de Jean-Baptiste Champagne. C'est de lui le plafond & les tableaux de la planette de Mercure, dans le grand apartement du Roy, *p.* 137

Peintures de Corneille. C'est de lui le plafond & les sujets de la planette de Mercure, dans l'apartement de la Reine, *p.* 194

Peintures de Coypel le pere. C'est de lui le plafond, & tous les sujets de la planette de Mars, dans la salle des gardes de Madame la Duchesse de Bourgogne, *p.* 176

Peintures de Houasse. C'est de lui le plafond du vestibule du Cabinet des médailles, & le plafond & tout les sujets de la planette de Venus, *p.* 108. 122

Peintures de la Fosse. C'est de lui deux sujets de la planette de la Lune, l'un Jason arrivant à Colchos, & l'autre Alexandre à la Chasse du Lion, *p.* 127. C'est de lui aussi le plafond de la planette du Soleil, *p.* 143

Peintures de Charles le Brun, *p.* 92. 157. 172

Table.

Peintures de Paillet. C'est de lui les sujets de Clelie, d'Hipsycrate, de Zenobie, d'Artemise, & de la fureur sous la planette de Mars dans l'apartement de Madame la Duchesse de Bourgogne, p. 197

Peintures de Mignard le Romain, p. 33. 65. 68. 196

Peintures de Paroussel dans l'antichambre de l'apartement du Roi, p. 58

Peintures de Person dans le petit Escalier de marbre, p. 338

Peintures de Rousseau dans la salle de la planette de Venus de l'apartement du Roy, p. 121

Peintures de de Seve. C'est de lui la planette du Soleil, Cléopatre, Didon, Rodope, & Nitocris dans la Chambre de Madame la Duchesse de Bourgogne, p. 193

Pénélope est représentée dans l'apartement de Madame la Duchesse de Bourgogne sous la planette de Mercure, p. 194

Petite Cour pavée de marbre, p. 35. 38. 53. 58

Petite Ecurie, p. 13. 14. 37

Petit Escalier de marbre, p. 94

Table.

Petite gallerie peinte par Mignard
p. 68
Petit parc, p. 210
Pharisiens, tableau du Valentin,
p. 62
Pierres gravées, p. 117. 119
Pierres Orientales, p. 64. 116
Place Dauphine, p. 22. 23. 353
Place de Bourgogne, p. 23. 356
Place du Marché, p. 22. 355
Place du parc aux Cerfs, p. 25. 357
Place Royale, p. 13. 20. 21. 23. 26.
  37. 352
Plaine de Grenelle, p. 162
Planettes peintures, p. 50. 51
Pyramide d'Egypte, peinture de
  de Séve, p. 193
Police rétablie, peinture, p. 167
Pomone statuë de Pierre Mazeline,
  proche la grande Cour, p. 29
Pomone statuë, p. 201
Pompe, p. 212
Ponceaux de Pierres, p. 1
Pont de Séve, p. 3
Ponts de Bois, p. 2
Portes de Bronze, p. 50
Portraits de la Reine Anne d'Autri-
  che, p. 141. 197
Portrait de la Reine Marie de Mé-
  dicis peint par Vandeix, p. 141

Table.

Portrait de la Reine Marie-Thérése d'Autriche, p. 197
Portrait de Madame la Dauphine p. 197
Portrait de Monseigneur, p. 197
Portrait du Marquis d'Ahérone par Vendeix, p. 61
Portrait de Vandeix, peint par lui même, p. 61
Portraits de deux princes palatins, par Vandeix, p. 141
Portraits du Roy, p. 197
Prééminence ou préséance de la France; peinture, p. 103. 166
Prise de Cambray; peinture, p. 90
Prise de Gand; peinture, p. 170
Prise de Mastreix; peinture, p. 169
Prise de Valanciennes; peinture, p. 90
Prométhée, peinture, p. 77
Prudence statuë de Massou dans la petite Cour, p. 10. 349
Ptolomée Philadelphe; peinture, p. 139. 199
Pyrrhus; tableau du Poussin, p. 65

R.

Rampes & glacis de l'avant-cour, *page* 32
Ravissement de saint Paul, tableau du Poussin, p. 164

Table.

Rebecca, tableau du Poussin, p. 65
Rebecca, tableau de paul Véronése,
   p.   107
Récéptacle d'eaux, p.   4
Récolets, p.   25
Réhe mere de Jupiter; peinture,
   p.   177
Renommée; peinture, p.   105
Renommée, statuë faite par le Com-
   te, dans la petite cour, p. 349
Réservoirs d'eaux, p.   46. 212
Réservoirs de Monborron, p.   4
Rétablissement de la Navigation,
   peinture, p.   166
Revuë de troupes, peinture, p.
                                            134
Richesse, statuë de Marsy dans la
   petite cour, p.   350
Riviére de Seine, p.   2
Rodogune, peinture, p.   195
Rodope, peinture de de Séve, p. 393
Ruë de la paroisse, p.   23. 353. 354
Ruë d'Orleans, p.   352
Ruë des réservoirs, p.   352
Ruë des Bons-enfans, p. 355. 356
Ruë de Marly, p.   352. 356
Ruë Dauphine, p.   353
Ruë de la pompe, p.   353
Ruë de Conty, p.   356
Ruë des deux portes, p.   354

Table.

Ruë du Plessis, p.	355
Ruë de Paris, p.	355
Ruë de l'Etang, p.	355
Ruë de Clagny, p.	355
Ruë de Monsieur, p.	355
Ruë sainte Anne, p.	356
Ruë saint Pierre, p.	356
Ruë du Chénil, p.	356
Ruë du Belair, p.	356
Ruë des coches, p.	356
Ruë Monborron, p.	356
Ruë de la Chancellerie, p.	357
Ruë saint François, p.	357
Ruë de Satory, p.	357
Ruë de la Sur-Intendance, p.	358
Ruë de l'Orangerie, p.	358
Ruë du jeu de paulme, p.	357
Ruë du vieux Versailles, p.	357
Ruë Maziéres, p.	358
Ruë du Potager, p.	358
Ruë de la poste, p.	358
Ruë des Récolets, p.	358
Ruë des Tournelles, p.	358
Ruë saint Julien, p.	358

S.

Sacrifice fait à Jupiter, tableau de Coypel le pere, p. 179

Sacrifice d'Abraham, tableau d'Annibal Carache, p. 164

Table.

Sacrifice d'Abraham, tableau d'Holben, p. 113
Sacrifice d'Iphigénie, p. 129
Saint Antoine de Padouë, tableau de Vandeik, p. 183. 197
Saint Brun, tableau du Mole, p. S 66
Saint Cloud, p. 1
Sainte Cathérine, tableau d'Aléxandre Véronése, p. 62
Sainte Cathérine, tableau du Parmesan, p. 65
Sainte Cécile, tableau du Dominiquin, p. 61. 272. 344
Sainte Famille, tableau de Raphaël, p. 140
Sainte Famille, tableau de Léonard de Vinci, p. 113
Sainte Famille, tableau de Paul Véronése, p. 115. 131
Sainte Famille, tableau de Raphaël, p. 246
Sainte Famille, tableau de Titien, p. 132
Sainte Magdelaine, tableau du Guide, p. 61
Saint François, tableau d'Annibal Carache, p. 113
Saint François d'Assise, tableau du Valentin, p. 142

Table.

Saint François en méditation, tableau du Guide, p. 271

Saint Jean-Baptiste, tableau de Michel-Ange de Caravage, p. 61

Saint Jean l'Evangeliste, tableau de le Brun, p. 197

Saint Jean, tableau du Valentin, p. 282

Saint Luc, tableau du Valentin, p. 281

Saint Marc, tableau du Valentin, p. 280

Saint Mathieu, tableau du Valentin p. 279

Saint Michel, tableau de Raphael, p. 140

Saint Paul, tableau de la Mare, p. 107

Saint Paul, tableau du Poussin, p. 285

Saint Pierre, tableau de la Mare, p. 107

Saint Pierre & Saint Paul, tableau le Lanfranc, p. 63

Saint Sebastien, tableau d'Annibal Carache, p. 140

Saint Sebastien, tableau de Vandeik p. 191

Salle de l'Opera, p. 208

Table.

Salle des Ambassadeurs, p. 40
Salle des Comedies, p. 40
Salle des Festins, p. 227
Salle des Gardes, p. 47. 58. 131
Salle des Gardes de la Reine, p. 170
Salle du Conseil privé, p. 40
Sallon de la Guerre, p. 148. 172
Sallon de la Paix, p. 149. 150. 172
Sallon de l'hôtel de Conty, p. 8
Sallons de la grande Gallerie, p. 148
Sallons de la petite Gallerie, 68
Samaritaine, tableau du Guide, p. 55
Sapho est peinte sous la planette de Mercure dans l'apartement de Madame la Duchesse de Bourgogne, p. 194
Scituation de Versailles, p. 2. 12
Sculptures d'Arcis. Ce sont des enfans, & des trophées d'armes qui sont dans les frontons de la petite écurie, p. 14
Sculptures de le Comte, dans le grand fronton de la principale cour de la petite écurie, p. 15
Sculptures de Coisevox. C'est de lui un groupe représentant l'Abondance à l'entrée de la grande cour,

Table.

cour, p. 37. Les figures de la force, & de la richesse dans la petite cour, p. 350. Un buste de marbre du Roi, & les trophées du grand escalier, p. 89

Sculptures de Jean de Dieu. C'est de lui les ornemens du fronton de la petite écurie vers l'hôtel de Conty, p. 16

Sculptures de Girardon dans le grand fronton de la grande écurie, p. 18

Sculptures de martin dans un fronton de la grande écurie, p. 17

Sculptures de Maziére au grand avant-corps de la grande écurie, p. 18

Sculptures de Jean Raon, au grand avant-corps de la grande écurie, p. 18

Serviteurs d'Abraham, tableau de Paul Véronése, 107

Séve, p. 1

Solon, peinture, p. 183

Soulagement du peuple pendant la famine, peinture, p. 166

Suzanne, tableau de Paul Véronése, p. 197

Statuë antique d'Agrippine dans le bain, p. 300

Ll

Table.

Statuë antique de Baccus, p. 351
Statuë antique de Diane, p. 291
Statuë antique de flore, p. 303
Statuë antique de Germanicus, p. 352
Statuë antique de Lucius Quinctius, Cincinnatus, p. 121
Statuë antique de Mercure, p. 299
Statuë antique de porcie, p. 305
Statuë antique de Venus, p. 151. 294
Statuë antique d'une Chasseresse, p. 295
Statuë antique d'une femme, p. 152. 304
Statuë antique d'une femme couronnée d'Etoilles, p. 151
Statuë antique d'une Vestale, p. 151
Statuë antique d'un Faune, p. 306
Statuë antique d'un autre faune, p. 307
Statuë antique d'un Gladiateur, p. 298
Statuë antique d'un jeune homme, p. 293
Statuë d'Agrippine, p. 300
Statuë de Cêres, p. 301
Statuë de la Muse Thalie, p. 304
Statuës d'argent, p. 115
Statuës de Bustes antiques, p. 30
Sterops, statuë de Philippe Buster

Table.

dans la grande Cour, p. 19
Sur-Intendance ancienne, p. 32.40
Sur Intendance nouvelle, p. 25

T

Tableau d'Alexandre Véronése, page 62
Tableaux d'André Delsarte, p. 115
Tableaux d'André Mantégne, 115
Tableaux d'Annibal Carache, p. 66. 114. 140
Tableaux Corneille Polembourg, p. 114
Tableaux des Jules Romain, p. 67
Tableaux de l'Albane, p. 65
Tableaux de la Mare, 107
Tableaux de Lanfranc, p. 62
Tableaux de Charles le Brun, p. 65. 66. 197
Tableaux de Leonard de Vinci, p. 113
Tableau de Manfréde, p. 61
Tableaux de Michel Ange de Caravage, p. 61
Tableaux de Mignard le Romain, p. 65. 197. 311
Tableaux de Paul Véronése, p. 67. 197
Tableaux de Raphaël d'Urbin, p. 113. 140
Tableaux de Rubens, p. 142

L l ij

Table.

Tableaux des Baſſans, p. 59
Tableaux de Vandeix, p. 61. 114. 197
Tableaux de Vandermeulen, p. 90
Tableau du Bourguignon ſur la cheminée de l'Antichambre, p. 58
Tableaux du Cabinet du Roy, p. 343
Tableaux de Carache, p. 107
Tableaux du Corege, p. 67
Tableaux du Dominiquin, p. 61. 140
Tableaux du Doſſe de Ferrare, p. 114
Tableaux du Georgeon, p. 67
Tableaux du Guide, p. 61. 65. 142. 107
Tableaux de Jean-Baptiſte Mole, p. 66
Tableaux de François Mazzuoli dit le Parmeſan, p. 65. 114
Tableaux du Mole, p. 66
Tableaux du Pouſſin, p. 63. 66. 67
Tableaux du Titien, p. 67. 140. 141. 197
Tableaux du Valentin, p. 62
Tableaux du Vieux Palme, p. 132
Tableaux du Viole, p. 115
Tables d'Agathe & d'Albatre, p. 192

Table.

Terpsicore statuë, p. 102
Terreur, peinture de Houasse dans la salle de la planette de Mars, p. 133
Terrasse, p. 210
Terrasse ancienne, p. 61
Thalie statuë, p. 102
Théatre pour la Comedie, p. 40
Théatre pour l'Opera, p. 208
Théatre d'eau, p. 228
Thétis statuë de le Hongre dans la grande cour du Château, p. 29
Thétis statuë, p. 103
Tobie tableau d'André del Serte, p. 115
Tomiris, tableau de Rubens, p. 142
Tour d'eau, p. 210, 212
Travaux d'Hercules, tableaux du Guide, p. 142
Tritons, p. 30
Triomphe de Constantin, peinture de Houasse, dans salle de la planette de Mars, p. 152
Trompes de pierres, p. 35, 38

V.

Vandeix peint par lui-même, page 61
Vases d'Agathe, de porphire, de Serpentin, d'Albâtre & autres, 112, 115, 122, 150, 153

Table.

Vénerie, p. 5
Vénus, l'amour & Vulcan, tableau du Poussin, p. 67
Vénus planette, p. 112
Vénus statuë copiée par Clairion dans l'apartement des bains, p.
Vénus statuë antique, p. 152
Verge de Moïse, tableau du Poussin, p. 66
Version grecque des Septantes, peinture, p. 190
Vertu héroïque, tableau du Corrége, p. 248
Vertumne statuë, p. 201
Vespasien peinture, p. 144
Victoire groupe de Gaspard Marsy, à l'entrée de l'avant-cour, p. 32
Victoire groupe de François Girardon, à l'entrée de l'avant-cour, p. 32
Victoire peinture de Jouvenet dans la salle de la planette de Mars, p. 138
Victoires peintures, p. 154
Vierge tableau d'André Mantaigne, p. 119
Vierge tableau de Paul Véronèse, p.
Vierge tableau de Vandeick, p. 241.
197

Table.

Vierge tableau du Parmesan, p. 144
Vierge, tableau du Titien, p. 145
Vieux Versailles, p. 21. 23. 24. 36. 54. 356
Vilage d'Auteüil, p. 1
Vilage de Montreüil, p. 2
Vilage de Séve, p. 2
Viledavray, p. 2
Vile neuve, p. 13. 21. 22. 24. 352
Viroflay ou Giroflay, p. 2
Voliéres, p. 19. 30. 35
Uranie, peinture, p. 9
Vulcain statuë de Leonard Erard, p. 213

X

Xerxes, peinture, page 169

Z

Zenobie peinture de Paillet, p. 196
Zéphire statuë de Roger proche la grande cour, p. 29

Fin de la Table.

CORRECTIONS.

PAge 18. ligne dernière, aprés *remises*, ajoûtez *pour les caroſſes & caleiches du Roy*.

Pag. 20. lig. 4. aprés *tournois*, ajoûtez *ou carouſels*

Pag. 25. lig. 15. *de la pépinière*, liſez *du potager*

Pag. 28. lig. 21. *& autres offices*, liſez *& des autres offices*

Pag. 34. lig. 22. *eſt de plain-pied*, liſez *eſt preſque de plain-pied*

Pag. 40. lig. 2. *qui ſont occupez*, liſez *qui étoient occupez*

Pag. 44. lignes pénultiéme & derniére *noir, violet, bleu & jaunâtre*, liſez *noires, violetes bleuës & jaunâtres*

Pag. 48. lig. 22. *& embraſures*, liſez *& les embraſures*

Pag. 51. lig. 15. aprés *occupé*, ajoûtez *cy devant*

Lig. 16. aprés *Mr. le Duc du Maine*, ajoûtez *& apréſent par Mr le Comte de Toulonze*

Pag. 52. lig. 5. ôtez *deux grands*, lig. 24. *du cabinet*, liſez *du deuxiéme cabinet*

Pag.

Corrections.

Pag. 58. lig. 19. ôtez *l'on sort*, & *quand il*

Pag. 62. lig. 14. *qui épouse l'enfant Jesus entre les bras de la Vierge*, lisez *à qui l'enfant Jesus met une bague au doit*

Pag. 65. lig. 8. *vûë vers*, lisez *vûë aussi vers*

Lig. 14. *croix*; *& un*, lisez *croix. Un*

Lig. 28. *l'un des serviteur*, lisez *l'un du serviteur*

Pag. 81. ligne derniére *qui surpasse ou égale même*, lisez *qui égale ou surpasse même*

Pag. 82. lig. 26. *guerrier : il paroiss*, lisez *guerrier ; & il paroiss*

Pag. 112. ligne derniére aprés *autres*, ajoûtez *côtez*

Pag. 134. lig. 28. *un ancien capitaine Romain*, lisez *Cyrus*

Ligne derniére *legions*, lisez *troupes*

Pag. 35. lig. 10. *Palloretes*, lisez *Poliorcetes*

Pag. 140. lig. 2. aprés *magnifique*, ajoûtez *aussi de point*

Pag. 141. lig. 9. aprés *peints*, ajoûtez *le premier* ; & aprés *Vandeik*, ajoûtez *& l'autre par Champagne*

Pag. 143. lig. 30. *le premier apartement*

Ll

Corrections.

ou, lisez *le premier ou petit apartement du*

Pag. 157. lig. 19. *babit*, lisez *habit*
lig. 20. *& tient*, lisez *& il tient*

Pag. 165. lig. 10. *remplie*, lisez *remplies*

Pag. 168. lig. 13. 1666. lisez 1668.

Pag. 176. à la marge *le premier*, lisez *le grand*

Pag. 196. lig. 18. aprés *Romains*, ajoûtez *l'autre est Harpalie qui délivra son pere Harpalus, que les Getes emmenoient prisonnier*

Pag. 209. lig. 13. *à l'extrémité de chacune desquelles il y a*, lisez *qui ont*

Pag. 211. lig. 4. *riton*, lisez *triton*

Pag. 323. ajoûtez à la marge *il faut ôter toutes les inscriptions latines qui sont cy-aprés*

Pag. 324. lig. 24. aprés GLORIA, ajoûtez AMORE

Pag. 325. lig. 11. VINDICANS, lisez VINDICANS

Pag. 326. CONSILIUM, lisez CONSILIUM

www.ingramcontent.com/pod-product-compliance
Lightning Source LLC
Chambersburg PA
CBHW052129230426
43671CB00009B/1178